EXAMEN
DES PRINCIPES
ÉMIS PAR LES MEMBRES
DE LA MAJORITÉ ET DE L'OPPOSITION
DE LA CHAMBRE DES DÉPUTÉS
PENDANT LA SESSION DE 1816.

PAR L. T.

(Par Léon Thiessé, d'après Barbier.)

Parcere personis, dicere de vitiis.
MARTIAL.

A PARIS,

Chez { L'HUILLIER, Libraire, rue Serpente, n° 16;
DELAUNAY, Libraire, au Palais-Royal.

1817.

DE L'IMPRIMERIE DE FEUGUERAY,
rue du Cloître Saint-Benoît, n° 4.

DE LA CHAMBRE DES DÉPUTÉS.

CHAPITRE Ier.

Idées générales. — Situation de la France au mois de septembre 1816.

Un des symptômes les plus effrayans d'une révolution politique, c'est le défaut d'unité dans les desirs et dans les actions. En 1789, la véritable cause des malheurs qui se préparaient, et qui devaient affliger la France et l'Europe pendant un long avenir, fut sans doute cette opposition qui naît de volontés contraires. Le peuple, éclairé par les lumières de la philosophie, auquel des voix imprudentes peut-être avaient fait entendre le nom toujours séduisant de liberté, la desirait sans modération. Haine aux priviléges, amour de l'égalité ! telles étaient les clameurs populaires. Les nobles, placés depuis le commencement de la monarchie dans un état d'hostilité constante avec le peuple et d'hostilité passagère avec le souverain, ne soupiraient qu'après le retour de l'ancien ordre de choses. Loin de consentir à des concessions demandées impérieusement, ils ne songeaient qu'à ressaisir ce pouvoir féodal qui plus d'une fois mit en péril l'autorité du souverain, mais auquel Charles VII, Louis-le-Gros, Louis XI et Louis XIV avaient porté le coup de mort. Le clergé réclamait aussi ses priviléges; il lançait d'impuissantes foudres contre des principes qui tôt ou tard devaient réduire et même effacer sa puissance temporelle. Enfin le Roi de France voulant le bien, mais ne pouvant le faire, circonvenu par la noblesse, qui dans le commun danger s'était réunie au trône, forcé de faire des concessions à un peuple devenu exigeant, forcé de les rétracter par respect pour le clergé, offrait le déplorable contraste de l'amour du bien et de l'impuissance d'empêcher le mal, des vertus privées et des faiblesses politiques.

Cette réunion d'élémens contraires et pour

ainsi dire hétérogènes, dut occasionner un choc violent, une explosion terrible. Le peuple, dans lequel réside la nation, dut remporter la victoire; mais il la paya cher, et les avantages en furent perdus par son inexpérience. Il sut défendre sa liberté à l'extérieur, mais il ne connut point le secret de la conserver au-dedans. La révolution d'Angleterre, dont l'exemple était si récent, ne put l'instruire; l'histoire fut encore une fois inutile, et un Cromwel nouveau vint s'asseoir sur les tombeaux réunis de la liberté et du pouvoir royal. Le despotisme militaire pesa sur la France et sur l'Europe, et cette nation, qui avait fait, pour conquérir son indépendance, tant et de si nombreux sacrifices; cette nation qui, seule et soutenue par l'unique pouvoir de la liberté, avait remporté des triomphes si honorables, se laissa éblouir par une gloire meurtrière, se méconnut assez pour apporter sous les drapeaux de la tyrannie le même courage que sous l'étendard de la patrie et du civisme.

Le despotisme tomba enfin sous le poids de sa propre grandeur, et pour que la leçon fût conduite jusqu'où elle pouvait s'étendre, l'ancienne monarchie revint en triomphe dominer la vieille France. Le peuple la reçut à bras ouverts comme sa libératrice; il lui demanda de réparer les crimes du gouvernement qu'elle remplaçait, et compta assez sur ses lumières pour espérer d'elle l'accomplissement de ses desirs.

La tyrannie militaire abattue, d'antiques idées se réveillèrent. La France se ressouvint de ce qu'elle avait été dans les premiers jours de sa révolution, et de ce qu'elle était devenue pour prix de ses fautes et de ses égaremens. Elle remonta à leur source, et reconnut dans tous les malheurs qui avaient pesé sur elle non le crime de la liberté, mais la conséquence forcée de son inexpérience. Elle revenait d'une longue tourmente; elle avait acquis dans la traversée les connaissances et la maturité d'un habile pilote. La France demeura donc ferme dans sa volonté; elle ne songea qu'à ramener ses institutions à ce qu'elles étaient au commencement de sa révolution, qu'à les fonder sur une liberté sage, dont elle choisit un gardien dans la personne d'un Roi éprouvé par le malheur, et éclairé par la culture des arts.

Tels étaient les desirs du peuple, et ce n'était pas en vain qu'il en attendait l'accomplissement de la sagesse royale. Si le Roi fût revenu seul de son exil, il n'est pas douteux que la France n'eût aussitôt joui de la liberté aussi étendue qu'elle peut l'être. La Charte, premier bienfait de son règne, des ordonnances sages et libérales, la manifestation souvent renouvelée de sentimens vraiment français, tout concourt à justifier une opinion qui honore notre monarque, et qui lui assure l'attachement sincère des amis de la liberté.

Mais Louis XVIII amenait à sa suite une foule de nobles, des prêtres dont la mémoire était fidèle, et qui, par défaut de lumière autant que par intérêt particulier, ne consentirent point à ratifier les concessions du monarque. Revenant à leur ancienne tactique, ils s'interposèrent entre le Roi et le peuple; aigris par des infortunes peut-être méritées, ils renouèrent cette coalition qu'ils firent de tout temps contre ce qu'ils appellent la *roture;* et comme si un Roi de France n'avait point le droit de modifier son autorité, ils voulurent mettre une opposition dangereuse à ses plus louables volontés. Si la sagesse de celui-ci n'eût prévenu les suites de ces prétentions, s'il n'eût soutenu d'une main ferme les institutions qu'il avait fondées, les symptômes qui annoncèrent la révolution se seraient reproduits avec un caractère plus effrayant.

En effet, ces dissidences d'opinion et de conduite dans les grands et dans le peuple se remontraient avec une nouvelle énergie, alimentées par d'anciennes rivalités et par des haines récentes. La noblesse, fidèle à son antique principe de tout mettre en usage pour dominer, recourut cette fois à un moyen nouveau. Les institutions accordées par la Charte pour assurer l'indépendance française furent détournées de leur but et de leur direction. Les grands, pour opprimer le peuple, tournèrent contre lui-même les moyens de liberté qu'il avait conquis. La Chambre des Députés, instituée pour défendre les droits de la nation, fut tout-à-coup remplie des adversaires de ces droits, et par une bizarrerie funeste, les plus ardens partisans de l'inégalité se firent tribuns du peuple; ils briguèrent et reçurent un mandat dont ils méconnurent publiquement la nature. Les députés de 1815 déclarèrent à la tribune qu'ils ne représentaient personne, mais qu'ils étaient envoyés pour soutenir leur opinion particulière (1).

On doit croire que cette Chambre ainsi composée ne vota jamais dans l'intérêt du peuple. Déclarant qu'elle n'était point mandataire de la nation, elle dut naturellement opiner selon son intérêt personnel. Plusieurs des lois qu'elle rendit sont le modèle des lois anti-populaires, et souvent l'autorité, plus populaire que les représentans, fut obligée de repousser les dons funestes que ceux-ci voulaient lui faire.

Si la Chambre des Députés eût eu le pouvoir de constituer la France; si la sagesse de la Charte n'eût opposé une digue puissante aux usurpations et aux souvenirs; si elle n'eût placé un contre-poids dans la Chambre des Pairs, il n'est pas douteux que notre patrie n'eût été agitée d'une violente tempête. Mais, il faut le dire, la Chambre des Pairs la sauva par sa prudente résistance. Elle eût pu lui épargner de grandes peines si elle eût repoussé une autre loi avec le même courage qu'elle re-

(1) *Voyez* le *Moniteur*, séance du 24 juillet 1815, discours de M. *Royer-Collard*.

poussa celle des élections ; mais du moins sera-ce une belle portion de gloire pour elle de nous avoir garantis du malheur de conserver cinq ans une assemblée à laquelle six mois avaient suffi pour jeter l'épouvante dans les cœurs vraiment français.

Telle avait été la conduite des députés de 1815 ; institués pour défendre la Charte de toute atteinte, ils avaient d'abord modifié ses plus importantes dispositions, puis manifesté l'intention de la saper dans sa base. Nommés pour garantir les citoyens du pouvoir arbitraire, ils avaient fourni au pouvoir arbitraire tous les moyens d'esclavage ; destinés à préserver le peuple des persécutions de l'autorité, ils avaient grossi le nombre des persécutés ; enfin, gardiens naturels de toutes nos libertés, de la liberté des cultes principalement, on les avait vu d'abord nier l'existence des troubles religieux dont le Roi consacrait la réalité, en les réprimant publiquement, puis réclamer la faveur de l'amnistie pour les sicaires qui s'en étaient rendus coupables.

Les députés de 1815 étant arrivés au terme de leurs travaux, ils retournèrent dans leurs départemens recueillir les éloges de leurs créatures. Une réaction est toujours le signal d'une réaction nouvelle en sens contraire, mais elle peut amener des déchiremens terribles. La conduite des membres de la Chambre avaient laissé de longues traces, des traces destructives et ineffaçables. Leurs délibérations dans lesquelles une voix généreuse ne pouvait impunément se faire entendre, avaient retenti jusqu'aux extrémités de la France ; des larmes avaient coulé des yeux de tous les hommes sensibles. Mais rien n'approchait de la douleur de ces Français purs de toute erreur, dont l'âme libérale et vertueuse voyait se flétrir les espérances données par un Roi législateur, qui lui-même ne pouvait apprendre sans une profonde affliction la destruction presque entière de cette Charte que la France avait reçue avec reconnaissance, cette Charte qu'il avait jurée, cette Charte, *son plus beau titre aux yeux de la postérité* (1).

Jaloux de maintenir son ouvrage, et plus encore de rassurer les bons citoyens justement alarmés, le Roi rendit alors l'ordonnance du

---

(1) Propres paroles du Roi, dans son discours à la Chambre, le 18 mars 1815.

5 septembre 1816. Les mots sont impuissans pour exprimer le mouvement unanime qui se manifesta spontanément de la Méditerranée à la Manche, du Rhin à l'Océan, à la nouvelle de cette loi salutaire. Il n'est point de ville, de bourg, de chaumière où parviennent les feuilles publiques, qui ne retentît d'acclamations. Il sembla que la liberté, long-temps voilée d'un nuage funèbre, reprenait tout-à-coup un nouvel éclat. Mais tel est le caractère des Français; quand les maux ne sont plus, ils oublient leurs auteurs. A peine quelques voix s'élevèrent pour accuser les députés de 1815. Il suffisait d'être délivré de leur tyrannie et qu'ils fussent abattus : leurs erreurs reçurent le nom modéré de *zèle imprudent ;* et tandis que des journaux qui leur étaient vendus se laissaient à peine arrêter par un prétendu respect pour l'autorité royale, les feuilles de l'opposition se contentaient de dire avec réserve, que l'*opinion était favorable* à la mesure qui cassait la Chambre des Députés. Les constitutionnels victorieux se trouvaient assez payés de leurs efforts par la conquête de la liberté publique.

Mais les vaincus ne pardonnèrent pas leur

défaite; ils tournèrent soudain leurs regards vers les élections nouvelles, et recoururent à d'autres intrigues pour ressaisir, dans la Chambre convoquée aux termes de la Charte, l'autorité qu'ils possédaient dans la Chambre dissoute. On a répété jusqu'à satiété que le Gouvernement avait exercé une influence inconstitutionnelle sur les nominations des membres de la Chambre de 1816; mais on n'a rien dit des intrigues sans nombre, des menées sourdes qui furent conduites par la noblesse ultra-royaliste. On n'a pas dit que les riches seigneurs des paroisses avaient tout mis en œuvre pour s'emparer de l'esprit des habitans des campagnes, sur lesquels ils avaient l'autorité d'un vieux respect et celle de la richesse. Les uns ont fait intervenir le ministère des prêtres; les autres ont cherché à épouvanter leurs nombreux fermiers en les menaçant de les chasser de leurs domaines, et en les plaçant ainsi entre la perte de leur liberté ou celle de leur fortune. Il en est un grand nombre dont le courage n'a point résisté à la crainte de manquer de pain.

Ces réflexions anticipées sur les élections de 1816 trouveront des développemens plus étendus dans le chapitre suivant. Dans l'intention où nous sommes de considérer la Chambre dernière sous tous ses rapports différens, il est de notre plan de discuter la validité des pouvoirs attribués à ses membres. Cette assemblée réunie pendant cinq mois a fondé des institutions desquelles dépendent notre tranquillité, notre grandeur, notre gloire futures. La loi des élections, le système de crédit doivent avoir des conséquences si importantes que peut-être aucune session ne mérite autant d'être connue que la session de 1816. L'équitable postérité qui bientôt commencera pour elle, suivant l'expression d'un orateur (1), lui assignera un rang distingué, sinon dans ses affections, du moins dans ses souvenirs.

On trouvera peut-être dans ces réflexions sur les députés de 1816 certains éclaircissemens de l'énigme politique offerte par la conduite de l'opposition de cette année, qu'il faut bien se garder de confondre avec l'opposition de l'année 1815. C'est une étude très-utile dans les circonstances actuelles que celle du carac-

---

(1) M. de Bonald.

tère d'un grand nombre d'ultra-royalistes. Elle pourra mettre la nation à même de se former une juste opinion, et de se garantir de la séduction des apparences.

En confiant quelques doutes sur l'entière franchise des opposans, nous ne sommes point conduits par le vain plaisir de stigmatiser des hommes d'ailleurs dignes d'égards. Nous usons seulement de la liberté de la presse qui nous est enfin accordée, et qui ne sera pas détournée de son but tant qu'elle sera consacrée à proclamer des vérités utiles au bien de tous.

Nous avons conçu de grands projets dans ce petit ouvrage. Ne serons-nous point accusés de témérité d'avoir assez espéré d'un talent si faible pour entreprendre de caractériser les principaux membres d'une assemblée imposante et respectable dans son ensemble? Cette tâche, qui demande une grande sûreté d'opinion, est bien délicate; nous le savons, et cependant nous l'avons entreprise. Son utilité réelle, puisqu'il s'agit de faire connaître des hommes destinés à nous représenter pendant cinq ans, nous a décidés.

Si l'on ne laissait à ceux qui font des ouvrages une certaine liberté de pensée, ils ne pourraient jamais atteindre à la hauteur des vérités utiles et courageuses. Nous userons de cette liberté dans toute son étendue. Nous chercherons à apprécier les orateurs de chaque parti, sous le double point de vue du talent et des principes politiques; mais si nous combattons sévèrement les opinions, nous respecterons toujours les hommes. Nous dirons au lecteur, comme le philosophe Diderot : « Partout où vous croirez apercevoir » quelque chose de contraire à ce principe, » soyez persuadé que vous ne nous avez pas » compris (1) ».

---

(1) *Pensées sur l'interprétation de la Nature.*

CHAPITRE II.

Si les Elections des Députés de 1816 *sont validés?*

Cette question a été plusieurs fois agitée depuis le commencement de la session de 1816. Un écrivain, qui remporta des succès dans un genre de littérature auquel le goût n'applaudit pas toujours, mais qui s'est en vain efforcé d'acquérir quelque importance politique, soit par des palinodies éclatantes, soit par des déclamations faciles, d'abord philosophe exagéré, puis ardent adversaire de la philosophie; long-temps flatteur d'un pouvoir colossal, mais enfin brisant publiquement la statue qu'il avait adorée; défenseur zélé de la religion, mais n'en séparant point l'intolérance quand il profana une tombe à peine fermée; gigantesque par sa pensée, petit par sa conduite, tour-à-tour ultra-royaliste et ultra-constitutionnel, ne sachant conserver en rien la modération, mais toujours constant dans un but qu'il veut atteindre à tout prix, la célébrité, et sacrifiant à-la-fois son orgueil, ses principes, ses triomphes même à l'envie désordonnée de faire du bruit, d'occuper le monde de sa personne ; préférant la haine à l'oubli, les malédictions au mépris, les injures au silence, et trouvant même un secret plaisir, une jouissance inexplicable dans les persécutions, pourvu qu'elles soient éclatantes, M. de Châteaubriant, devenu aujourd'hui l'un des membres les plus ardens de l'opposition dans la Chambre des Pairs, a voulu jeter des doutes sur la validité des élections de 1816. Je dis jeter des doutes ; car, soit une sorte de respect humain, soit qu'il sentît les conséquences d'une assertion tranchante, il n'a rien préjugé ; mais il s'est contenté de faire une proposition tendant à supplier le Roi d'examiner ces élections.

Cette proposition fut naturellement écartée. La Chambre des Pairs était trop sage pour accueillir les motions dictées par l'irascibilité d'un parti déçu, et dont l'organe était un des plus chauds partisans de l'ancien régime. M. de Châteaubriant, dont l'orgueil offensé n'a jamais pardonné, publia un recueil de pièces dans lesquelles il cherche à prouver que l'influence des ministres a éloigné de la Chambre des Députés plusieurs candidats dont l'opinion n'était pas conforme à leurs desirs; et par une bizarrerie qui, bien qu'inexplicable, milite en faveur de cette Chambre, le pair de France, après avoir rapporté des pièces qui, selon lui, ne laissent aucun doute sur l'existence d'intrigues inconstitutionnelles, n'a osé tirer de ses documens la conséquence qui semblait en découler, savoir, que les élections ne sont point valides, et que la Chambre des Députés n'a aucun caractère légal.

La solution de la question nous manque donc encore, et il est à desirer qu'elle nous manque long-temps. Cette réflexion ressemble trop à un paradoxe pour que je ne cherche pas à la justifier. Voici, ce me semble, comment elle s'explique.

Il est des circonstances où l'écrivain doit employer cette franche logique sans laquelle on ne pourrait atteindre à la hauteur de la vérité. Le plus souvent cette vérité, dont la connaissance est si utile, perd son mérite, et pour ainsi dire sa couleur, quand elle ne se laisse entrevoir qu'à travers certains voiles de prétendue convenance, certains adoucissemens qui la déguisent et lui donnent l'air de la fable; mais il est des cas extraordinaires, des cas heureusement très-rares, où une marche détournée est plus sûre ou moins dangereuse. C'est ce que voulait entendre Solon quand il disait que si sa main était pleine de vérités, il se garderait de l'ouvrir. C'est encore le sens de cette phrase de Montesquieu : « L'excès même de la raison n'est pas toujours desirable; les hommes s'accommodent presque toujours mieux des milieux que des extrémités (1) ».

Si donc un indiscret enthousiasme pour la vérité demandait une solution absolue de la question de la validité des élections de 1816, il serait peut-être prudent de lui répondre évasivement, de lui démontrer le danger d'une assertion trop rigoureuse, et les conséquences d'un anathème contre ces élections. En politique il faut considérer les résultats, et quand ils sont heureux, oublier la cause qui les a produits. Le but de toute société est le bonheur de ses membres; si ce but est rempli, quel sera l'insensé qui contestera la légitimité des moyens? Quelque respect qu'on ait pour

---

(1) *Esprit des Loix*, liv. II, ch. 6.

les principes, s'il était possible, ce que je suis loin de croire, que ces principes eussent des résultats dangereux, et fussent semblables à ces toniques trop puissans qui brûlent au lieu d'échauffer, je pense qu'on devrait les rejeter, quelque vrais, quelques légitimes qu'ils fussent.

C'est une vérité incontestable, qu'en fait de gouvernement la bonne administration d'un souverain justifierait l'illégitimité de son pouvoir, s'il était possible qu'un pouvoir protecteur du peuple fût né d'une source illégitime. Par la même raison, celui qui abuse du pouvoir le mieux acquis devient usurpateur. Si la Chambre des Députés n'a point méconnu ses devoirs; si les institutions qu'elle a fondées sont propres à assurer le bonheur politique, c'est-à-dire, la liberté des Français, l'approbation du peuple doit légaliser ses opérations.

C'est peut-être le sentiment de cette vérité qui a rendu M. de Châteaubriant si timide contre son ordinaire; mais s'il est vrai que les conséquences d'une assertion l'aient empêché de la tenter, il n'aurait pas dû, dans l'intérêt national, chercher à jeter la défaveur sur une assemblée dont le bonheur public dépendait ; et, d'ailleurs, s'il est difficile d'établir absolument la validité de ses pouvoirs, il semble du moins facile de prouver qu'aucune assemblée depuis long-temps n'a présenté un caractère légal à un degré plus élevé.

Quand le Roi revint en France, il conserva à la Chambre de Bonaparte ses prérogatives et ses pouvoirs. Cette assemblée, nommée par des colléges électoraux qui obéissaient à la tyrannie, n'offrait aucun caractère légal. Les pouvoirs d'une partie de ses membres étaient expirés, aux termes de la constitution de l'an 8, la seule de nos lois qui ne fût pas entièrement créée par l'arbitraire. Quoique le Roi, revêtu d'un pouvoir dictatorial, put lui conférer une autorité qu'elle n'avait plus, toujours doit-on convenir que cette assemblée ainsi prorogée ne représentait point le peuple, dont elle n'avait plus de mandat. Nommée par le Roi, elle ne pouvait représenter que le pouvoir royal : aussi sa majorité, accoutumée à fléchir dès long-temps devant une idole impériale, n'eut-elle point à changer de principes et de conduite. La Chambre de 1816 est moins irrégulière que la Chambre de 1814.

Parlerai-je de la Chambre des Représentans qui succéda à cette dernière? Sans doute le gouvernement *de fait* voulut lui donner une couleur populaire. Il fit convoquer les assemblées primaires et les colléges d'arrondissement; mais on ne peut se dissimuler que ces formalités ne furent pas toujours dirigées vers un but libéral. Un grand nombre de citoyens furent éloignés des assemblées, et ces mêmes colléges électoraux, qui avaient été une arme dans les mains de la tyrannie, prononcèrent en dernier ressort. Dans plusieurs départemens, la majorité des électeurs ne fut point remplie, et les nominations que fit une minorité victorieuse n'eurent point le caractère de la volonté nationale. Cette assemblée n'en fut pas moins fertile en grands talens, en véritables amis de l'ordre; et la France doit lui rendre un témoignage de reconnaissance pour l'avoir délivrée de l'homme qui pesa long-temps sur elle.

Telle est la marche désastreuse des révolutions : la vertu n'est plus vertu quand elle se trouve dans le parti renversé. Il faut, pour que le talent obtienne des suffrages, qu'il se consacre, non à la vérité et au bien, mais à la défense des principes victorieux. La Chambre des Représentans, à laquelle M. le comte Lanjuinais a rendu une éclatante et courageuse justice, a été avilie par des hommes indignes d'apprécier son vrai desir, celui de rétablir en France l'ordre et la liberté ; et je me plais à répéter ici une vérité proclamée par le pair de France dont j'ai tout-à-l'heure invoqué le témoignage : « Le Roi pouvait » conserver la Chambre des Représentans, et » peut-être avec avantage. Peut-être lui eût-» elle assuré dans un moment l'armée, l'ar-» gent, les opinions aliénées, l'action du gou-» vernement représentatif. Cette assemblée » se montra toujours ennemie des réactions, » des proscriptions, et décidée franchement » pour la monarchie constitutionnelle héré-» ditaire. Elle fut ainsi l'organe salutaire de » la volonté nationale, et j'ose croire que » c'est un service rendu au Roi et à la pa-» trie (1) ».

Après avoir prouvé que la Chambre de 1814 et celle des Représentans n'ont point un ca-

---

(1) *Memoire justificatif pour le comte Lanjuinais, pair de France.* 1815.

ractère plus légal que celle de 1816, parlerai-je de la Chambre des Députés de 1815, dont la conduite eût suffi pour invalider ses droits si elle en avait eu. Nous avons déjà remarqué qu'en temps de troubles une réaction est toujours le signal d'une réaction nouvelle en sens contraire. Les colléges électoraux de Bonaparte avaient, pour nommer les députés à la Chambre des Représentans, éloigné les hommes dont ils suspectaient la libéralité, ou plutôt ceux-ci refusèrent de participer à leurs opérations. Quand le Roi rentra en France, les électeurs ultra-royalistes prirent leur revanche; ils apportèrent même dans leurs expulsions des formes acerbes qu'une fureur long-temps concentrée leur suggérait, et dont leurs adversaires ne leur avaient point donné l'exemple. On vit le président d'un collége électoral méconnaître assez ses devoirs pour faire chasser par la force armée un homme dont la conduite pendant la révolution ne fut peut-être pas sans tache, mais que son titre d'électeur rendait inviolable. Ajoutez les additions d'électeurs faites aux colléges électoraux par les préfets en vertu d'une simple ordonnance, électeurs qui furent tous dans le sens des nobles, et qui opinèrent selon leur volonté. Vous reconnaîtrez facilement que la Chambre des Députés de 1815 fut la plus illégale de toutes.

Cependant les lois portées par ces assemblées ont été et sont encore en vigueur, ou n'ont pu être annulées que par l'intervention des députés du peuple. Qui ne voit de ces exemples que les travaux de la Chambre de 1816 ne peuvent manquer de légalité ? et nous le demanderons à M. de Châteaubriant lui-même. Voudrait-il, pour satisfaire de vaines passions, consentir à toutes les conséquences de l'invalidation des législateurs qui ont fondé un système de crédit dont les effets doivent se faire sentir si long-temps, une loi des élections dont les résultats doivent être si favorables à la nation française et à des libertés dont M. de Châteaubriant ne demande pas moins que le reste de la France le libre et légal exercice ?

Enfin, pour nous résumer, nous établirons le dilemme suivant : Ou les élections de 1816 sont valides, ou elles ne le sont pas. Si elles sont valides, la France possède aujourd'hui une loi électorale qui doit lui assurer une représentation libre et forte, un système de crédit qui, selon un grand nombre de publicistes, portera les richesses dans toutes les veines du corps social, et rétablira les fondemens de la monarchie momentanément ébranlée. Si elles ne le sont pas, la France doit renoncer à toute représentation, à moins que les suffrages ne soient recueillis de citoyen à citoyen, mode de procéder absolument impraticable, et cependant le seul qui lui reste, puisque ses anciens colléges électoraux n'ayant nulle validité, aucune chambre n'en pourra recevoir, et une simple ordonnance ne pourra établir une loi d'élection. Ce n'est pas tout. Un emprunt a été consenti, il est presque réalisé; la Chambre de 1816 a consacré l'amortissement, la vente des forêts de l'Etat; si elle n'en avait pas le droit, il faut que le Gouvernement revienne sur ses pas, et qu'il commette, pour le maintien du principe abstrait, mille vexations, mille injustices par la rétroactivité de sa marche.

Choisissez.

Dira-t-on que le choix est impossible, qu'il est impossible de rendre légal ce qui ne l'est pas? Je répondrai que, suivant ce principe, et en remontant aux sources, il n'y a rien de légitime, ni propriétés, ni naissances, ni gouvernemens. Les propriétés furent, dans l'origine, soit usurpées, soit conquises, soit enlevées au peuple; l'ordre des naissances a pu être interverti, soit par la débauche, soit par l'erreur; l'autorité a été toujours conquise à sa source, et le peuple seul est légitime. Ainsi, de conséquence en conséquence, avec cette fermeté de principes, nous en viendrons à douter de tout, à tout invalider, à saper même l'édifice social.

Fermons les yeux sur les irrégularités partielles de l'élection des députés : que le Gouvernement ait ou non influé sur ces nominations, n'envisageons que les biens qui sortiront des travaux de l'assemblée. Si ces travaux ont mérité l'applaudissement des honnêtes-gens, elle est assez légitime.

CHAPITRE III.

De la Majorité de la Chambre des Députés de 1816.

On a beaucoup écrit sur les partis en France ; des publicistes ont cru en découvrir un grand nombre ; selon nous il n'y en a véritablement que deux bien distincts. D'abord, car, avant tout, il faut fixer la signification des mots quand on veut embrasser et discuter une opinion en connaissance de cause, que veut dire *parti ?* qu'est-ce qu'un parti ? Le Dictionnaire de l'Académie nous répondra : *C'est l'union de plusieurs personnes contre d'autres qui ont un* INTÉRÊT *contraire*. C'est, suivant le Grammairien Beauzée, un partage dans les *opinions*. *L'intérêt*, c'est-à-dire, ce qui importe à l'honneur ou à l'utilité ; l'opinion, c'est-à-dire, le sentiment sur une chose quelconque, sont donc les véritables agens de l'esprit de parti.

La France se partage en deux grandes

classes : les hommes qui sont attachés par leur *intérêt* et par leur *opinion* aux institutions que la révolution a fondées, et ceux qui tiennent par ce double lien aux institutions renversées par la même révolution. Les individus qui n'ont d'attachement qu'aux places et qu'aux grands, de quelque parti qu'ils soient, ne peuvent être regardés comme remplissant les deux conditions exigées ; s'ils ont un intérêt à défendre, ils n'ont pas, ils ne peuvent avoir d'opinion, puisque agissant toujours passivement, et soumettant leur raison à l'influence des emplois, des dignités, ils ne peuvent avoir d'action libre et de sentiment fixe ; ils ne sont que des moyens de vaincre pour le parti qui les paie. On peut les comparer à ces soldats sans courage et sans patrie, qui vendent leur sang au plus offrant, et tour-à-tour combattent dans chacune des armées ennemies ; instrumens dangereux, parce que l'effet en est incertain, parce qu'ils ne sont conduits par rien de noble, mais par une avidité constante sous quelques couleurs qu'elle se montre.

Il n'y a pas en France d'autres opinions prononcées que l'opinion *constitutionnelle* et l'opinion *ultra-royaliste*. Les *ministériels* ne sont que des instrumens dans l'un ou l'autre de ces *partis*. Quant à ce qu'on nomme *Bonapartistes*, le plus léger examen doit faire reconnaître que leur nombre est si restreint, leur importance si faible, qu'ils ne peuvent être désignés comme parti ; ils ne tiennent pas à l'homme qui a fait long-temps le malheur de la France, mais à son gouvernement, qui leur donnait des pensions et des charges. En cela ils se rapprochent des ministériels. Si le gouvernement nouveau voulait les employer, nul doute qu'il ne fît d'eux des amis zélés. Cela est si vrai que la plupart d'entre eux, avant de servir Napoléon, avaient long-temps usé leurs plumes pour le gouvernement de Louis XVI qui les payait.

On prétend encore qu'il se trouve un autre parti, celui des *Jacobins*. A peine reste-t-il en France quelques hommes qui aient véritablement figuré dans les sanglantes assemblées de ce nom. Ce parti n'existe plus; mais la dénomination en a été souvent donnée, par les hommes qui regrettent le despotisme féodal, à ceux qui ont embrassé le plus franchement le parti constitutionnel.

Après avoir prouvé qu'il n'existe en France que deux partis, les *constitutionnels* et les *ultra-royalistes*, liés chacun à leurs *co-partisans* par le double nœud de l'*intérêt* et de l'*opinion*, nous dirons en peu de mots ce qui caractérise et fait distinguer chacun d'eux. L'un, qui se compose de la plus grande partie de la génération naissante et de la génération qui s'éteint, veut une monarchie protégée et tempérée par des lois sages et fortes, par un système de liberté approprié aux lumières actuelles. L'autre ne comprend que la plus petite partie des hommes d'un âge mûr ; il a plus de souvenirs que de raison, ne voit dans le présent que l'image du passé, image un moment ternie ; mais qui doit, selon lui, reprendre toute sa ressemblance. Les premiers desirent que l'autorité marche avec le temps en ce qu'il a de louable ; les seconds ne rêvent que réactions et changemens ; mais inutile espoir ! songes vains et impuissans ! Les jours de la jeunesse sont passés pour eux dans l'ordre politique comme dans l'ordre naturel ; ils ne reverront pas plutôt rétrograder les lumières que les ans qui s'amoncèlent sur leur tête.

Venons actuellement à notre principal sujet.

Toute assemblée délibérante, pour être vraiment utile à la nation qu'elle représente, doit se composer de deux partis; l'un votant dans le sens habituel du Gouvernement, l'autre opposé presque toujours aux mesures de ce Gouvernement. De ce choc d'opinions sortent naturellement les discussions et les lumières que toute autorité constitutionnelle doit réclamer. Il est indispensable aussi que le parti qui vote en faveur du Gouvernement soit le plus fort. Si cette disposition n'existait pas, il arriverait de deux choses l'une : ou l'opposition serait plus forte que le Gouvernement, ou l'assemblée serait unanime.

Si l'opposition était habituellement plus forte que le Gouvernement, l'assemblée deviendrait oppressive; elle renverserait l'ordre de l'Etat: Louis XVI en offre un déplorable exemple. Si l'assemblée était ordinairement unanime, il y aurait oppression de la part de l'autorité; les suffrages ne seraient plus libres, ou tous les membres seraient corrompus : c'est ce qui arriva sous Bonaparte.

J'ai dit *habituellement*, parce qu'il est des occasions où, d'une part, l'unanimité des votes prouve l'enthousiasme de l'amour de la patrie, et que, de l'autre, une victoire remportée par l'opposition prévient les tentations de proposer des lois arbitraires. Mais ces cas ne sont que des exceptions.

Il est si vrai que les ministres doivent avoir ordinairement l'avantage dans l'intérêt de l'Etat, qu'on a toujours remédié, en Angleterre, aux dangers des envahissemens de l'opposition, en renvoyant les ministres vaincus, et en changeant le système du Gouvernement. Alors l'opposition est devenue ministérielle.

J'ai entendu faire cette question : Si les ministres obtiennent aussi souvent la victoire, à quoi servent les efforts de l'opposition? autant valait ne point discuter. Pas du tout. La discussion publique éclaire le Gouvernement, s'il est susceptible de l'être; les améliorations que l'opposition demande sont à la longue exécutées, si le ministère connaît ses devoirs. Les discussions de la tribune forment l'éducation constitutionnelle du peuple; il s'instruit de ses droits et des fautes de son Gouvernement; et quand il est instruit, son opinion est une digue assez forte opposée aux empiètemens de l'autorité. Certes, ce n'est pas pour que des lois dont l'Etat a besoin soient rejetées chaque fois qu'on les soumet aux Chambres ; ce n'est pas pour que l'anarchie soit organisée que le système représentatif est appliqué ; c'est pour établir des contre-poids, pour maintenir les ministres dans les bornes de l'équité, en leur inspirant une crainte salutaire ; c'est pour satisfaire le peuple en le faisant participer à la confection de ses lois.

En appliquant ces notions générales à la Chambre des Députés de 1816, nous reconnaîtrons deux partis et trois classes différentes dans son sein. Les deux partis sont les *constitutionnels* et les *ultra-royalistes* : ils forment chacun une classe. La troisième se compose des *ministériels* : ceux-ci se sont aujourd'hui réunis aux *constitutionnels* ; car il ne faut pas dissimuler une vérité utile, quelque dure qu'elle soit. Les *constitutionnels* sont en petit nombre dans l'assemblée ; la direction imprimée par les ministres à leurs créatures a rétabli la balance. C'eût été un malheur incalculable si le ministère eût favorisé les *ultra ;* puisqu'alors la troisième classe s'étant jointe au nombre assez considérable de ces derniers, l'assemblée n'eût été que le renouvellement de la Chambre de 1815. Mais heureusement cette hypothèse est inadmissible. Un ministre n'est que l'organe de la volonté royale; et des doutes sur la nature de cette volonté seraient coupables et injurieux au fondateur de la Charte constitutionnelle.

Examinons quelques-uns des orateurs qui se distinguent parmi la majorité de la Chambre.

M. Camille-Jordan, dont la conduite à la Chambre mérite les plus grands éloges, ne s'est fait remarquer que par un discours éloquent sur la loi des finances. Nul n'a développé avec autant de force et de précision les grandes raisons d'Etat qui ont fait prononcer la vente des anciens bois du clergé. Il est impossible de mieux démasquer qu'il ne l'a fait la conduite des ultra-royalistes, leur inconstance, leur amour pour les théories, et leur haine pour l'application. Tantôt serré et pressant, tantôt abondant sans diffusion, il a montré à la tribune ce que peuvent encore les anciennes traditions d'assemblées où il figura; sa diction, souvent élégante, est quelquefois un peu maniérée; ses plaisanteries ne sont pas toujours du meilleur goût; son organe trop clair ne permet pas toujours de l'entendre; mais il est un des orateurs les plus brillans de l'assemblée. On se souviendra long-temps de la sensibilité chevaleresque de M. Piet, ventée si spirituellement par M. Camille-Jordan ; on n'oubliera pas non plus la comparaison si frappante des ergoteurs de l'opposition avec ces théologiens du Bas-Empire qui disputaient sans fin sur des mots inintelligibles ; enfin la proposition noble et sincère qu'il adresse aux *ultra*, de déposer leurs vieilles rivalités sur le rivage, a couronné heureusement un des plus beaux discours qui aient été entendus pendant la session.

Personne ne doute du talent de M. Camille-Jordan ; mais son opinion est-elle bien connue? Certains politiques prétendent qu'il touche un peu le ministériel. Espérons que c'est une calomnie, et qu'il prouvera à la session prochaine que la liberté est avant tout dans ses affections.

M. Roi, que son immense fortune doit faire absoudre de l'accusation d'être ministériel, est un orateur plus avocat qu'homme d'Etat. Une grande méthode, de la chaleur, un bel organe, telles sont ses principales qualités oratoires, qui ne peuvent faire oublier la lourdeur de ses discussions, la monotonie de son geste, et le défaut d'élégance dans la plupart de ses discours. Au reste, c'est un membre dont le talent peut devenir très-utile à la cause qu'il défend. La discussion du budget lui fait beaucoup d'honneur.

Si nous passons à son collègue, M. Beugnot, nous trouverons plus d'élégance dans le style, mais moins de solidité. Cet orateur, qu'on dit administrateur distingué, a un organe qui n'est pas toujours agréable; ses opinions sont diffuses; elles ont le défaut que Diderot trouvait dans la Nouvelle Héloïse, celui d'être *feuillues*. Heureux si l'on y trouvait les mêmes compensations que dans l'ouvrage de Rousseau!

M. Courvoisier se fait distinguer par beaucoup de finesse et de connaissances positives. On regarde comme un chef-d'œuvre le petit discours qu'il a prononcé sur les bois de l'Etat; la plaisanterie est d'un excellent ton, les raisonnemens justes, les citations bien choisies; il paraissait assez malade quand il le prononça. Sous le rapport de l'organe, du geste et du mouvement oratoire, M. Courvoisier me paraît inférieur à M. Roi et à M. Beugnot.

M. Lafitte a prononcé deux discours d'un

genre bien différent. Le premier, qui fit beaucoup de bruit dans le temps, se fait remarquer par des vérités courageuses et bien exprimées ; il honore le caractère de M. Lafitte, et les amis de la constitution doivent le compter parmi leurs plus fermes soutiens, tant par l'autorité de ses richesses et des affaires commerciales qu'il entreprend, que par l'alliance si rare des principes sages et des vertus politiques.

Pourquoi faut-il que M. Lafitte ait prononcé un second discours ? Heureux s'il se fût arrêté après celui qui lui a mérité l'applaudissement de tous les honnêtes-gens ! Ce n'est pas que, dans sa dernière opinion, il ne fasse preuve de vastes connaissances financières ; mais on était en droit de chercher dans l'orateur autre chose qu'un financier. De noble, de courageux qu'il avait paru, on a cru voir une teinte ministérielle dans ses argumens, et une apologie maladroite de mesures que lui-même avait blamées.

On distingue parmi la majorité de la Chambre beaucoup d'autres orateurs dont le talent et les intentions sont dignes d'éloges. Les bornes de cet écrit ne nous permettent pas de les citer tous. Si nous en avions le loisir, nous n'oublierions ni M. de Serres, dont le talent oratoire est si remarquable, et qui a su tenir d'une main si ferme les rênes du gouvernement de l'assemblée; ni M. Ravez, dont on avait mieux espéré, mais qui réparera sans doute son silence; ni M. Jobez, dont le courage et la vertu sévère ont résisté au torrent des passions; ni M. Savoye-Rollin, dont la franchise républicaine est si digne d'éloges.

Dans le nombre des constitutionnels, nous ne nous pardonnerions pas de passer sous silence un homme qui eut d'autant plus de mérite à embrasser cette cause, que, né dans un rang élevé, il lui a fallu résister à la séduction des souvenirs, à celle de l'intérêt particulier, à l'orgueil des dignités et de la noblesse; un homme qui jamais ne se tut quand il fallut défendre la cause de l'indépendance, de la vertu et de l'humanité, qui brava la fureur des passions d'une assemblée toute entière, seul, mais soutenu par le sentiment de ses devoirs et par celui d'une conscience sans reproche.

M. Voyer d'Argenson n'a point le talent d'assembler des phrases harmonieuses; mais il a la véritable éloquence, celle qui s'appuie sur la pensée et la vérité. Uni dès sa jeunesse avec un ami digne de l'apprécier, dont les talens et le courage s'exercent devant une assemblée moins tumultueuse, mais plus sage et plus imposante que celle des Députés, M. d'Argenson partage avec M. le duc de Broglie l'honorable prérogative de défendre ce qui est bon et ce qui est juste, et ne point adhérer à ces lâches transactions que la faiblesse demande, mais que l'homme loyal refuse. Honneur à ces soutiens de la constitution ! honneur surtout à celui qui brava les Députés de 1815, et qui ne craignit point de leur dévoiler la pensée du juste ! M. d'Argenson a plaidé la cause des persécutés religieux ; la religion véritable doit le bénir. Son nom ne sera plus séparé de ces idées de tolérance qui la constituent. S'il fut condamné par des adversaires passionnés, l'estime de ses contemporains le venge ; son rappel à l'ordre est un triomphe plus beau que la vaine illustration des conquérans. C'est une couronne de chêne décernée au civisme courageux, digne de lui, et dont le souvenir retentira dans la postérité.

CHAPITRE IV.

Du Parti de l'Opposition.

On a observé avec justesse que le parti de l'opposition, dans une assemblée bien organisée, doit ordinairement apporter dans les discussions plus d'éloquence, plus de raison que dans la majorité. La cause en est facile à trouver. Comme de sa nature l'opposition est plus restreinte que ses adversaires, le langage de la persuasion est la plus grande force qu'elle puisse avoir. L'autre parti n'a pas besoin d'être fondé en justice; quand on est certain de remporter la victoire, on ne songe point à la justifier; mais une minorité qui ne peut rien par elle-même, ne devient puissante que lorsque son éloquence, son courage à défendre les principes, rattachent à sa cause la classe toujours nombreuse des hommes sans opinion, et qui flottent d'un parti à l'autre.

Cette qualité nécessaire de l'opposition est

l'un des plus grands bienfaits du système représentatif. Elle est un frein salutaire aux invasions ministérielles ; elle forme une opinion publique qui retient l'autorité dans de justes bornes. Si, malgré les représentations des opposans, une loi oppressive est quelquefois adoptée, elle ne peut long-temps se soutenir, parce que le peuple, mis en garde contre l'arbitraire, en demande l'abolition. Des lois contre la sûreté individuelle, contre la liberté des journaux, ont été portées cette année ; mais le discrédit où les mesures qu'elles autorisent sont tombées par les soins de l'opposition, abrégera leur durée, et à la session prochaine elles seront nécessairement annulées.

L'opposition ne doit pas être une force dont l'effet soit rapide, et c'est un très-grand bien. Les institutions précipitamment fondées ne durent qu'un moment, parce que le peuple, pour qui elles sont faites, n'a point eu le temps d'acquérir les habitudes politiques qu'elles demandent. Ainsi s'explique la nécessité que l'opposition soit faible; si elle composait la majorité, elle excéderait les limites. Puissance répressive et coercitive, elle arrête les progrès du mal, et en prépare la guérison pour l'avenir.

Après avoir prouvé que de sa nature l'opposition dans les assemblées bien constituées doit suppléer par le pouvoir de la raison au pouvoir du nombre, il est facile d'expliquer l'énigme offerte cette année par les opposans de la Chambre des Députés, et ce contraste si marqué de leur conduite actuelle avec leur conduite passée. Leur inconstance était commandée par la force des choses. Puissans et nombreux en 1815, ils n'ont pas dû mettre un frein à leurs desirs véritables; la certitude du succès leur fit dédaigner de voiler leurs intentions; ils durent marcher franchement à cette contre-révolution qui est toute entière dans leur cœur; faibles et en petit nombre en 1816, il leur a fallu chercher à se renforcer du pouvoir de la raison, ils ont dû se couvrir du manteau du bien public, et défendre la volonté générale. Ils sont naturellement devenus les plus ardens défenseurs de la liberté, des institutions nouvelles, et de tous les principes libéraux qu'ils détestent, mais sous la couleur desquels ils ont espéré ressaisir la majorité et en user alors à leur gré. Leur transition, quoique rapide, n'a que l'apparence de l'inconstance; elle est la conséquence d'un but fixe et assuré. Si elle ne fait pas honneur à leur franchise, elle prouve en faveur de leur jugement; ils ont saisi le seul moyen qui pût attacher encore des citoyens à leur cause.

C'est un triomphe bien honorable pour la liberté, pour les hommes qui la défendent au prix de leur sang depuis vingt-cinq années, d'être applaudis par des bouches qui les maudirent si long-temps, et ce phénomène n'est point le moins extraordinaire qu'ait vu naître notre révolution.

Ce n'est pas que l'on n'ait remarqué dans la conduite de l'opposition de cette année une incertitude et des hésitations fréquentes. Placés par la force des choses dans la nécessité de jouer un rôle également éloigné de leurs habitudes et de leur opinion, poussés par le besoin de se soutenir vers une sphère d'idées, repoussés vers une autre par la puissance de leur amour-propre, leur marche a été incertaine et embarrassée; dans cette fausse position, on les a vus se faire tantôt les champions courageux de la liberté et les adversaires des ministres, en discutant les lois sur la presse et sur la liberté individuelle; tantôt partisans de la tyrannie nobiliaire et sacerdotale dans la discussion de la vente des forêts de l'Etat; tantôt défenseurs outrés d'un ministre dans celle des budgets des différens ministères; tant il est vrai que, de quelque masque que les hommes se couvrent, leurs véritables intentions paraissent toujours, et leur hypocrisie est sans séduction!

De tous les opposans, aucun n'a un talent plus vrai, des connaissances plus profondes, plus étendues, une facilité d'élocution qui n'exclut ni la force ni la précision, que M. de Villèle. Cet orateur est d'une taille médiocre, maigre et d'une figure peu avantageuse; son organe produit généralement un effet désagréable, et son port manque de noblesse. Cependant avec ces défauts, qui paraissent insurmontables, M. de Villèle s'élève quelquefois à une hauteur prodigieuse. Sa voix, à laquelle on s'accoutume, devient sonore et éclatante. Clair, méthodique sans sécheresse, plusieurs fois je l'ai vu ramener d'un seul mot les discussions les plus abstraites, les plus embarrassées, à leur objet naturel, et porter la clarté dans les ténèbres épaisses dont plusieurs de ses collègues ont l'habitude de couvrir tout ce qu'ils touchent. M. de Villèle, qu'on dit d'ailleurs intègre magistrat, possède à un très-haut degré la connaissance de l'administration et les abstractions de la science financière. Aucun orateur n'a mieux fait sentir la nécessité des réductions dans nos dépenses, non pas comme ces membres qui veulent tout ébranler, et portent sans réserve la hache dans toutes les branches de l'administration, aveuglés par un vain desir de popularité ; mais avec une connaissance parfaite des abus, des nécessités ; et il en est qui sont des abus, mais qu'on ne peut détruire sans dangers. Tour-à-tour insinuant et vigoureux, élevé et brillant, M. de Villèle ne se forme point des chimères pour les combattre, mais il porte un coup-d'œil d'aigle dans tout ce qu'il discute.

Sans doute il est malheureux que tant de talent soit employé à la défense d'une si mauvaise cause; car on ne peut s'empêcher de suspecter la franchise de M. de Villèle quand il défend la liberté. Tel est le malheur des divisions politiques, que nous soyons obligés de déplorer l'usage du talent que nous admirons, et que, sans cesser d'être Français, nous soyons portés à regretter l'existence de ce talent, d'autant plus dangereux, qu'il est mal employé. Certes, la liberté s'enorgueillirait d'avoir un défenseur de bonne foi tel que M. de Villèle ; elle doit gémir de voir cet orateur desirer le retour du despotisme ; retour dont les effets retomberaient sur leurs auteurs ; calcul d'autant plus faux, que les Français qui le font ne s'aperçoivent pas qu'ils se forgent eux-mêmes des chaînes, et que s'ils parvenaient à réussir, c'est-à-dire à rétablir la monarchie absolue, le premier usage que celle-ci ferait de son pouvoir serait d'écraser cette noblesse, son éternelle, quoique secrète ennemie, et toujours ardente à lui disputer une autorité qu'elle veut partager avec elle.

Ce n'est pas seulement l'intérêt du peuple, mais celui de la noblesse, de favoriser la constitution. Elle y perdra sans doute quelques priviléges ; mais elle y gagnera une liberté véritable. Autrefois si elle commandait aux serfs, elle-même était soumise à l'arbitraire du monarque ; aujourd'hui elle perdra son pouvoir sur les uns, mais elle ne sera plus humiliée par l'autre. Libre, puisqu'elle n'obéira qu'aux lois, privilégiée dans le cœur des Français, si elle le mérite par ses qualités personnelles, l'hommage qu'on lui rendra ne s'adressera point à de vains parchemins ; elle sera plus française, et par conséquent plus grande et plus vertueuse.

Après M. de Villèle, que je n'hésite pas à placer à la tête des orateurs des deux partis, s'offre naturellement M. Corbière. J'avoue que nous avons fait un pas assez considérable. C'est un genre totalement différent. M. Corbière, dépourvu d'organe, de port et de geste, se fait remarquer par l'esprit le plus piquant. Aucun orateur, depuis la révolution, n'a mieux connu l'art prodigieux de discuter une loi sérieuse à l'aide d'un tissu d'épigrammes. Si M. Corbière ne se renferme pas toujours dans les bornes de la convenance ; si ses satires n'épargnent personne; si le fiel amer qui découle de sa bouche se répand sur tous ses adversaires ; s'il est long et diffus dans ses discours, souvent fatigant par l'excès de l'amertume ; s'il ne connaît ni la modération qui discute, ni l'urbanité qui assaisonne et fait pardonner les critiques même les plus fortes, c'est un homme très-utile pour un parti ; il dit toutes les vérités sans en déguiser l'inconvenance ; il enfonce jusqu'à la garde le poignard de la diatribe, et parvient à désespérer ceux qu'il ne convainc pas.

Venons à M. de Bonald.

Les écrivains romantiques allemands et anglais offrent souvent la description de ces antiques châteaux dont les ruines éloquentes ont survécu au système féodal qui les vit naître, de ces édifices écroulés qui nous rappellent les *temps d'autrefois*, et portent un caractère mystérieux dont l'imagination est agréablement frappée. On se souvient aussi de ces monumens égyptiens où l'antiquaire découvre des signes hiéroglyfiques, restes inconnus de la sagesse des prêtres d'Isis. Les esprits jeunes ou exaltés se plaisent à contempler ces vieux débris, dont ils ne comprennent ni la destination ni l'usage ; ils aiment à se créer des fantômes, à entretenir leurs rêveries ; mais la raison sage et sévère, qui ne reconnaît dans les objets que ce qui s'y trouve réellement, ne voit dans ces ruines qu'un peu de marbre recouvert d'un peu de mousse, chargé de caractères inintelligibles, dont le sens fut peut-être sublime, mais qui peut-être furent aussi insignifians que la plupart de nos inscriptions modernes.

Tel est l'effet que les ouvrages de M. de Bonald produisent sur les lecteurs. L'imagination croit découvrir un sens profond à travers des voiles épais dont cet auteur aime à s'envelopper ; mais la raison ne le juge point aussi favorablement. Là surtout s'exerce sa défiance naturelle pour tout ce qui est obscur. Son œil clairvoyant ne voit que fumée où tant d'esprits croient voir de la lumière. Si jamais un écrivain affecta de se rendre inintelligible, cet écrivain est M. de Bonald. Les ouvrages du philosophe Diderot ne contiennent aucunes obscurités si on les compare à la *législation primitive*.

On pardonnerait encore ses ténèbres à M. de Bonald s'il parlait le langage de la raison quand il lui arrive d'être clair ; ce serait un heureux préjugé en faveur de ce qu'on n'entend pas ; mais quel moyen de l'excuser, quand on le voit reproduire les théories usées que l'on a mille fois combattues, se faire l'apôtre du despotisme, et discréditer la religion en la montrant inséparable du pouvoir absolu et incompatible avec la liberté publique ? Quel nom donnera-t-on à l'intention qui a dicté ces apologies du système *d'unité*, quand on se ressouviendra qu'elles furent écrites en faveur d'un gouvernement qui, rougissant lui-même de voir ses invasions si ouvertement réduites en doctrine, et craignant l'effet de théories si évidemment fausses, enchaîna la plume de son imprudent panégyriste, lequel alors avait méconnu ce grand principe de politique si préconisé par Louis XI : « Qui ne sait pas dissimuler ne sait pas régner » ?

Dans le traité de la *Législation primitive*, la tyrannie est mise en système; l'auteur s'attache à prouver que le gouvernement absolu est dans la nature; que Dieu l'a établi lui-même en créant la famille image du corps politique, et que, hors du pouvoir d'un seul, il n'y a point de salut. Cet ouvrage serait très-dangereux s'il pouvait paraître raisonnable; mais heureusement il ne faut pas moins de talent pour justifier le despotisme que pour le combattre, et tout le monde n'a pas comme Machiavel l'art de faire un chef-d'œuvre de profondeur d'une instruction à l'usage des despotes. Les traités de politique de M. de Bonald ne sont plus lus que par le petit nombre des fanatiques sans jugement qui croient devoir admirer tout ce qu'ils ne comprennent pas.

Réduit au silence par le gouvernement de Bonaparte, M. de Bonald était parvenu à s'entourer de l'intérêt qu'inspire toujours l'objet d'une injuste persécution; oubliant ses ouvrages passés, on en était venu à penser qu'il fallait que cet auteur eût du talent, puisqu'il avait mérité la disgrâce du despotisme. Chose étrange! tant qu'il se tut, il eut une grande réputation ; mais il la perdit sans retour aussitôt qu'on lui permit de publier ses pensées.

Fidèle à son système, M. de Bonald éleva la voix sous le gouvernement du Roi. Nommé à la législature, le partisan de la tyrannie accepta un mandat qui lui ordonnait de la combattre, et de défendre la liberté publique. Pour un homme jaloux de remplir son devoir, sa position eût été embarrassante. M. de Bonald préféra son opinion.

« Législateurs, dit-il à la tribune en 1815, » le pouvoir absolu est, à mon sens, le meilleur ». Il eût dû ajouter : « Retournons » dans nos départemens, le Roi n'a pas besoin de nous. La représentation nationale

» est un fléau; elle trompe le peuple quand » elle lui fait croire que la liberté est utile à » son bonheur. Non, législateurs, un Roi » absolu qui réunisse sur sa tête les trois pou- » voirs, qui soit à-la-fois législateur, exécu- » teur et juge : voilà ce qui rendit nos pères » si heureux, voilà ce qu'il faut au peuple. » Plus de Charte, de députés, de pairs, plus » de tribunaux; la *famille* est l'image du » corps politique; le chef *de la famille* a sur » elle une autorité entière; il la dirige, la » juge, la punit à son gré; ce chef est l'i- » mage d'un roi, et la *famille* celle d'un » peuple heureux ».

Comme orateur, M. de Bonald est un des plus faibles de l'assemblée; comme écrivain, il doit être placé à un rang plus élevé.

Si nous ne craignions de trop étendre cet article, les déclamations de M. de Bonald contre J.-J. Rousseau et Voltaire, tant dans les journaux qu'à la tribune, seraient un texte fécond en réflexions sur cet écrivain. Nul ne s'est montré plus ardent à poursuivre les deux flambeaux de la philosophie moderne. Sophismes, injures, épigrammes, rien n'a été épargné. L'auteur de la *Législation primitive* est allé jusqu'à dire que tout ce qu'il y a de bon dans un ouvrage appartient au gouvernement, et le reste seul à l'auteur. C'est sans doute une nouvelle conséquence du système d'*unité*. M. de Bonald a pu avancer ce sophisme sans compromettre la propriété de ses ouvrages.

J.-J. Rousseau et Voltaire n'ont pas besoin d'apologistes; si leur renommée eût pu être vulnérable, ils eussent trouvé des défenseurs; mais ce serait prendre un soin ridicule à force d'inutilité (1).

Les orateurs dont il nous reste à parler ne

---

(1) Je m'étonne de voir des feuilles publiques qui se sont vouées à la défense des vrais principes, renouveler chaque jour un combat régulier en faveur de Voltaire et J.-J. Rousseau. Que d'encre et d'esprit perdus! Défendre ces deux grands hommes, c'est reconnaître qu'ils sont attaquables. La raison n'a pas besoin de panégyristes; il faut réserver son esprit pour les principes qui ne sont pas encore universellement reconnus. Les adversaires de Voltaire et de Rousseau savent bien qu'ils ne les feront pas oublier. S'ils les combattent, c'est qu'ils ont besoin de remplir leur feuille, et que ce texte peut fournir des moyens d'éloquence toujours nouveaux.

sont plus guère remarquables. M. de Villèle est le type des orateurs habiles, et M. de Bonald le modèle des écrivains bizarres. Ceux qui viennent ensuite n'approchent ni de l'un ni de l'autre genre. M. Cornet d'Incourt est encore le plus distingué. Cet orateur a montré quelquefois un esprit ferme, des vues nouvelles et de l'originalité. Son style n'est pas toujours dépourvu d'élégance, et, si l'on ne peut se dissimuler que son jugement ne soit quelquefois en défaut, on doit avouer aussi qu'il a prononcé des discours fertiles en réflexions justes et piquantes.

Pourquoi n'en peut-on pas dire autant de M. Benoist, dont les longs discours ont si souvent fatigué l'assemblée ! Certes, si un orateur doit écrire avec pureté et débiter ses discours avec grâce, s'il doit posséder cette chaleur qui électrise une assemblée toute entière, cette verve, dont le rapide effet entraîne et prend d'assaut tous les suffrages, M. Benoist doit renoncer à ce titre. Depuis long-temps employé dans l'administration, il a dû acquérir des connaissances vastes et solides ; personne ne lui contestera l'érudition administrative, la science du calcul et la connaissance profonde de plusieurs branches de la science financière ; mais les qualités qui constituent l'administrateur habile ne suffisent pas pour former un orateur. Il serait fâcheux que l'assemblée fût privée des lumières de M. Benoist; mais peut-être vaudrait-il mieux que certains membres de la Chambre se contentassent de faire imprimer leur opinion : celle-ci gagnerait un temps précieux, et les orateurs éviteraient le petit désagrément de voir les rangs s'éclaircir, l'auditoire murmurer ou s'endormir.

Quand un orateur émet des opinions raisonnables, s'il parle pesamment, s'il écrit mal, on se contente de bâiller en approuvant ses intentions; mais peut-on imaginer un plus grand supplice que d'entendre déraisonner sans adresse, manquer à-la-fois d'esprit et de jugement, et débiter de la meilleure foi du monde, avec un ton persuadé, les plus évidentes absurdités ? Un homme de talent s'attache-t-il à défendre des opinions peu sages, on sourit aux efforts qu'il fait pour démontrer la vérité de principes erronés; on étudie avec intérêt la marche de cet esprit, qui brille d'autant plus que ses paradoxes sont moins soutenables ; mais quelle illusion peut produire l'absence de la raison unie à l'absence du talent ? Cette réflexion peut trouver plus d'une application.

Indépendamment des membres que nous avons nommés, d'autres encore se distinguent dans la foule. Les discours lus par M. de la Bourdonnaye ne manquent pas de chaleur ; ceux que M. de Castelbajac a prononcés annoncent d'heureuses dispositions, qui, bien que les fruits en soient tardifs, peuvent encore se développer. Heureux si ces deux orateurs n'avaient employé cette apparence de talent à décréditer des choses respectables, s'ils n'avaient point montré dans la discussion de plusieurs lois une exaspération peu louable, et avancé des principes subversifs de l'ordre constitutionnel !

Nous arrivons à une classe de membres de l'opposition dont le caractère est tout différent. C'est ici que notre tâche devient plus difficile, plus délicate. Nous marchons entre deux écueils ; la crainte de livrer au ridicule la personne d'hommes estimables, en voulant seulement ridiculiser leurs opinions, et celle de paraître sans couleur aux lecteurs qui cherchent et aiment la malignité. Quel parti prendrons-nous ? Celui que la vérité nous impose.

Les personnes dont nous voulons parler ont en général peu de talent ; plusieurs n'ont pas souvent occupé la tribune ; c'est une preuve qu'ils se sont quelquefois rendu justice. D'autres, pour n'avoir point usé de cette réserve, ont été accueillis par de bruyans murmures. L'un d'eux, cependant, a présenté de trop agréables délassemens à l'assemblée pour qu'elle pût lui reprocher sa trop grande abondance. M. Piet possède à un très-haut degré un mérite qu'on voudrait trouver plus souvent dans quelques-uns de ses collègues ; c'est de faire naître le sourire aussitôt qu'il se montre. A son aspect, tous les visages s'épanouissent, la gravité ministérielle ne peut tenir contre trois mots de lui ; et sa première période excite dans l'assemblée un murmure qui n'est jamais celui du mécontentement. Il connaît si bien lui-même l'effet électrique de ses paroles, que, pour rendre la scène comique plus complète, il mêle souvent des éclats de rire à ceux de ses collègues. Comme le bon La Fontaine, ce Député rit de lui-même quand il lui arrive de trouver une idée plaisante, ce qui n'est pas rare.

On ne peut pas toujours rire; c'est pour prouver cette vérité que souvent l'orateur facétieux dont je viens de parler est remplacé par un lamentable ami du vieux temps, dont le nom est plus romain que la personne (1). S'il paraît, tout prend une autre face, les visages s'allongent, les traits se resserrent, et le côté droit attend dans un silence religieux les invocations aux siècles passés, à la religion détruite, à la morale abandonnée pour la licence. *O temps, ô mœurs!* s'écrie ce nouveau Bossuet!

O mœurs naïves, jours prospères,
Qu'ont vu les pères de nos pères,
Et qui nous ont fuis pour toujours (2)!

---

(1) M. de Marcellus.

(2) Vers extraits d'une ode de M. de Fontanes sur les tombeaux de Saint-Denis, qui a été louée par presque tous les journaux, et qui cependant est l'un des plus faibles ouvrages de l'auteur. Son talent, endormi depuis tant d'années, ne s'est pas réveillé avec beaucoup d'éclat. Cette pièce ne peut être que l'ouvrage d'un jeune homme, ou d'une muse affaiblie par la vieil-

Soit que l'assemblée s'occupe de la liberté de la presse, soit qu'elle discute des questions financières, ce missionnaire n'a qu'un langage, qu'une idée. A propos de budget il s'écrie : O religion! ô morale! qu'êtes-vous devenues? Ces exclamations, qu'il répète depuis deux sessions, forment toute son éloquence.

Parlerons-nous de M. Clauzel de Coussergues? Il ne s'est fait remarquer dans cette session que par un discours qui n'est point ridicule, mais odieux, et dans lequel les principes d'inhumanité sont exprimés avec une énergie révoltante. Nous reviendrons sur ce discours contre les réfugiés espagnols, discours déjà si éloquemment réfuté par le ministre de l'Intérieur, et depuis par un des plus spirituels rédacteurs du Mercure (1). M. Clauzel de Coussergues, comme orateur, a tout juste autant de talent oratoire qu'il en faut

---

lesse. La maturité de M. de Fontanes s'est passée à la cour des Rois; il a négligé l'art des vers pour l'art du courtisan, et tout y a perdu, son talent autrefois très-distingué, et son caractère autrefois très-recommandable.

(1) M. Esménard.

pour débrouiller une affaire litigieuse. Je l'ai vu du temps de l'usurpateur parler, non pas avec éloquence, mais avec clarté, dans une affaire où il portait la parole comme procureur-général impérial.

Je terminerai ce chapitre, déjà si étendu, par quelques réflexions sur une scène scandaleuse dont tous les bons Français ont été sincèrement affligés. Je veux parler de ce tumulte prolongé à la séance du 26 février, dans laquelle la tribune est devenue une arène où les plus furieuses vociférations se sont fait entendre. C'etait le soir; déjà une obscurité assez profonde régnait dans la salle. Les membres, prêts à se séparer, achevaient de voter sur une question qui avait été vivement débattue par les opposans. Irrités de voir que la majorité n'était pas pour eux, ils interrompent la délibération, sortent en foule de leurs places, en s'écriant : *Nous ne sommes pas en nombre!* Le président veut achever l'épreuve. On se récrie ; plusieurs membres se précipitent à la tribune en faisant entendre des hurlemens plutôt que des paroles. Les cris, les menaces, ces clameurs dont les salles de la Convention ont conservé l'effrayant souvenir, se font alors entendre. L'un appelle son collègue *énergumène* (1). L'autre s'écrie : *C'est abominable ; la conduite de M. le président est affreuse !* MM. Dussumier de Fonbrune et de Caumont se font distinguer parmi les insurgés. Enfin si la nuit la plus profonde ne fût venue calmer les combattans, on ne peut prévoir jusqu'à quel point d'irritation ils seraient parvenus.

Voilà de ces scènes qu'on peut nommer *révolutionnaires ;* voilà de ces clameurs dont tous les amis de l'ordre sont effrayés. Et ce sont les ennemis jurés des bienfaits généraux de la révolution qui en reproduisent les plus dangereux excès ! Ce sont les mêmes hommes qui prêchent la tolérance, la paix, l'ordre public, qui font entendre des clameurs passionnées, qui provoquent le désordre et la guerre ! Cette scène en tout déplorable les a trahis ; leurs masques sont tombés ; leur visage se montre à découvert ; ils ne tromperont plus personne.

---

(1) Parole de M. Roi. *Voy.* le *Journal des Débats.*

CHAPITRE V.

Travaux de la Chambre des Députés. — Loi des Élections.

Nous avons dit plus haut que la session de 1816 méritait une place distinguée, sinon dans nos affections, du moins dans nos souvenirs. Ce serait se montrer injuste envers les assemblées qui se sont succédées depuis vingt-cinq ans, de leur préférer la Chambre actuelle, soit sous le rapport des talens, soit en raison du nombre des hommes bien intentionnés. L'Assemblée constituante, le Conseil des cinq cents, le Tribunat, étaient fertiles en talens supérieurs, en citoyens zélés, en amis de l'ordre et d'une sage liberté; mais comme les bienfaits sociaux dépendent encore plus des circonstances que des hommes, les meilleures intentions et le mérite le plus élevé ne suffisent pas pour assurer le bonheur des Etats, quand ces qualités s'exercent à des époques où le peuple n'a pas atteint une maturité qui le rende susceptible d'en profiter.

Tel est le secours que la bonne disposition des esprits et l'opportunité des temps prêtent aux améliorations dans le sort des peuples, que les moindres efforts, aidés de ces auxiliaires, obtiennent un succès complet, et que les plus grands talens et les plus vastes moyens échouent lorsque les circonstances leur sont défavorables. C'est ainsi qu'on explique les heureux résultats des travaux d'une assemblée inférieure à d'autres dont les travaux ont été moins utiles. La Chambre de 1816 trouvait les Français lassés de révolutions, instruits par l'expérience du passé, et préparés à recevoir des institutions sages et fortes; l'impulsion était donnée, il ne lui restait qu'à la diriger.

C'est une maxime de haute politique, qu'on peut tirer d'heureux résultats de causes mauvaises en elles-mêmes; qu'un bien peut sortir d'élémens qui, pris séparément, produiraient un dangereux effet. Une autre raison se présente encore pour expliquer les précieux résultats de la session de 1816. La majorité de la Chambre s'est trouvée, par l'esprit du ministère, portée vers le régime constitutionnel; l'opposition, contrainte, pour s'entourer de l'image de la popularité, de défendre les principes libéraux, a naturellement prêté main-forte aux systèmes nouveaux qui, proclamés ainsi par tous, controversés seulement sur la question du plus ou du moins, sont sortis vainqueurs de la lutte. Aussi les partisans de l'ancien régime ont-ils eux-mêmes ruiné leur propre cause en croyant la servir.

La loi sur les élections, bienfait de la session de 1816, a offert dans sa discussion un spectacle vraiment digne d'être observé par les publicistes. La plupart des opposans n'ont pas cru pouvoir mieux la combattre qu'en la dénonçant comme illibérale. Qui croira jamais que cette loi, l'espoir des amis de la liberté, le *palladium* de l'Etat, fut taxée dans l'origine d'aristocratie, d'attentat aux droits du peuple, par les plus ardens ennemis de l'indépendance populaire? Le seul orateur qui ait élevé contre elle des objections en apparence puissantes est M. de Villèle. Il s'est attaché à démontrer qu'elle concentrait dans trop peu de mains le pouvoir électoral; que les électeurs qu'elle choisissait ne présentaient pas une assez grande responsabilité; enfin, que l'article 40 de la Charte semblait établir le système d'élection à deux degrés. Ces assertions, revêtues par l'orateur de tout ce que l'éloquence peut inventer de plus adroit, la logique de plus convaincant, ont été répétées jusqu'à satiété par un grand nombre de ses honorables collègues, et très-solidement réfutées par M. Cuvier, qui a fait preuve dans cette circonstance d'un talent oratoire et d'une force de logique admirables.

Treize membres de l'opposition ont combattu la loi sur les élections; dix membres de l'autre parti l'ont défendue. Cette inégalité paraît surprenante au premier coup-d'œil; mais elle s'efface quand on réfléchit que le ministère étant naturellement l'auxiliaire des constitutionnels, la balance a été rétablie. De tous les adversaires du projet, nul n'a emprunté la couleur du patriotisme et de la libéralité autant que M. de la Bourdonnaye. Comme M. de Marcellus, il s'est efforcé de prouver que si la loi pouvait être adoptée, elle ferait passer toute la puissance entre les mains des ministres, que M. de la Bourdonnaye a nommés *un directoire*. Une chose étrange, et qui mérite d'être remarquée, c'est que si les membres de l'opposition ont dit la vérité, la loi sur les élections renferme les élémens les plus opposés, et peut être considérée sous les aspects les plus différens. L'un la trouve aristocratique de la pire espèce (1); l'autre prétend qu'elle effraie par une couleur démagogique très-prononcée (2); celui-ci la trouve attentatoire aux libertés des citoyens, qu'elle prive du droit d'élire leurs députés (3); celui-là redoute son exécution, qui, selon lui, favorisera les troubles populaires, chaque collége devant être un club dans lequel on préparera de nouvelles révolutions (4). Ainsi cette loi, tour-à-tour favorable et contraire au peuple, démocratique et oppressive, porte tous les caractères et menace de toute espèce de dangers. Ordinairement la discussion publique porte la clarté dans l'obscurité des théories; celle-ci n'a fait que rendre de plus en plus confuses les matières qu'elle devait éclaircir. Après avoir entendu tous les opinans, loin de s'être fait une solide

---

(1) M. Cornet d'Incourt.

(2) M. de Montcalm.

(3) M. de Villèle.

(4) M. de Montcalm.

opinion, on en savait moins qu'auparavant.

Il semble que les questions que présente une bonne loi d'élection se réduisent à celles-ci : Créer des assemblées dont les membres ne soient ni en trop grand ni en trop petit nombre, donnent des gages suffisans de leur indépendance, et puissent, autant qu'il est possible de le faire, exprimer la volonté générale.

Si les assemblées étaient trop peu nombreuses, la volonté générale serait mal exprimée, les exclusions trop considérables; elles deviendraient des réunions aristocratiques où les droits du peuple céderaient devant l'intérêt des riches. Si elles étaient trop nombreuses, elles tomberaient dans le défaut contraire ; devenant démocratiques, on serait obligé d'y appeler des hommes sans lumières, sans responsabilité; la volonté générale serait encore mal rendue, car cette volonté n'est pas le résultat de l'opinion séparée de chaque citoyen, mais l'expression des besoins du peuple, tant sous le rapport des lumières que sous celui des intérêts. Pour la découvrir il ne faut pas consulter les classes trop inférieures, qui ne connaissent pas ou qui connaissent mal leurs intérêts et leurs besoins; mais celles qui ont reçu assez d'éducation pour discerner en quoi consiste leur bonheur, et qui n'ont pas assez de richesses pour faire craindre qu'elles se montrent jamais jalouses de l'autorité (1). Il faut choisir les hommes qui ont le plus grand intérêt à jouir d'une sage liberté, et qui savent le mieux connaître sa nature : ce ne peut être que la classe intermédiaire.

Mettez le dépôt de la liberté entre les mains des plus riches, vous créerez naturellement

---

(1) « La volonté générale est toujours droite et tend » toujours à l'utilité publique. On veut toujours son » bien ; mais on ne le voit pas toujours. » (J. J. Rousseau, *Contrat social*, ch. 3.)

Le même auteur déclare, malgré ce principe, que le peuple entier doit être consulté. La volonté générale est, dit-il, la somme des différences entre toutes les volontés. Les volontés pareilles s'entre-détruisent, et celles qui ne s'accordent pas forment le total de la volonté générale. Ces principes semblent peu applicables à l'état présent des peuples, puisqu'ils sont trop nombreux pour pouvoir voter individuellement. En prenant les choses comme elles sont, l'art du législateur est de réunir les citoyens dont la volonté doit avoir le plus de ressemblance avec la volonté générale, autrement dit l'utilité publique.

une noblesse qui voudra être libre, mais qui ne consentira point à ce que le peuple le soit. Confiez ce dépôt aux rangs inférieurs du peuple, ils passeront les bornes. Ignorant le point où ils se doivent arrêter, ils renouvelleront les excès qui ont souillé la révolution : les uns ont peu à gagner, les autres peu à perdre; aucun d'eux n'a assez d'intérêt à maintenir ce qui existe.

La classe intermédiaire présente de plus grandes garanties. Egalement éloignée de l'aristocratie et de la démagogie, elle est essentiellement constitutionnelle (1); elle est placée entre la crainte de perdre et l'espoir d'acquérir. Déjà suffisamment pourvue, les voies légitimes sont les seules par lesquelles elle puisse et doive accroître sa fortune.

C'est donc une idée aussi grande que belle d'avoir pris un juste milieu entre le riche et

---

(1) Le régime constitutionnel est le juste milieu entre le gouvernement populaire et le gouvernement absolu. Lorsque dans un État une partie des citoyens veut la monarchie absolue et l'autre la démocratie, il est certain que le régime constitutionnel est près de s'établir. Cela est arrivé en Angleterre; cela arrive aujourd'hui en France.

le pauvre. Il faut le dire encore : si quelque vertu a surnagé en France sur la mer des révolutions, elle s'est réfugiée dans les rangs intermédiaires, également éloignés de la possibilité de l'ambition et du besoin de ramper pour exister. Les hommes qui paient 300 fr. de contributions, et qui ont par conséquent 1500 francs de fortune, offrent en général plus de gages à la constitution. Les élections qu'ils feront porteront un caractère de sagesse et de force ; et quoique puissent dire et M. Marcellus et M. de la Bourdonnaye, une Chambre fondée sur ces bases ne peut manquer d'assurer à la France de solides et durables institutions.

Si nous examinons actuellement les divers amendemens proposés à cette loi, nous verrons que peut-être l'adoption de quelques-uns d'entre eux eût été un bien, et eût perfectionné le projet. M. de Villèle proposa de soumettre à la réélection ceux des Députés qui, durant l'exercice de leurs fonctions législatives, auraient été promus à quelque dignité par le souverain. Cet amendement fut écarté comme attentatoire à l'autorité royale. On craignit d'enchaîner dans les mains du prince les récompenses dues aux services. Ces motifs sont très-respectables, mais lorsque l'on s'occupe du bien public, on doit mettre de côté toutes les autres considérations. Par une fiction constitutive, le Roi est placé dans un éloignement religieux, et ses ministres seuls peuvent être attaqués. Il est donc impossible qu'une précaution contre la séduction des Députés soit attentatoire aux droits du Roi; elle n'attaque que le ministre. Comme l'a fort bien dit un Député, la défiance est essentiellement constitutionnelle. La crainte réciproque qu'éprouvent les trois branches du pouvoir les maintient dans de justes bornes.

On a dit qu'adopter l'amendement ci-dessus serait enchaîner la reconnaissance royale. Je demanderai si, dans une assemblée populaire, les membres doivent servir d'autres que leurs commettans, et si leur conscience ne doit pas être d'abord consultée. Je sais que servir le peuple c'est servir le Roi; mais les services qu'on lui rend à la Chambre sont, pour ainsi dire, négatifs. Un Député mérite bien du Roi en éclairant ses ministres, en combattant les erreurs que ceux-ci veulent accréditer en son nom. Tout service d'une autre nature serait un outrage à la nation, et c'est ce que l'amendement voulait prévenir.

M. Camille-Jordan, dans un discours assez remarquable, a émis une opinion qui, bien que combattue par beaucoup d'orateurs, me paraît cependant mériter d'être profondément examinée. Il rappelait les devoirs des électeurs, et proposait d'infliger à ceux qui négligeraient d'assister à l'élection des Députés une peine morale, une dégradation publique des honneurs qu'ils pouvaient avoir obtenus. On a répondu que les Français n'avaient pas besoin d'être conduits par la crainte pour s'acquitter des fonctions honorables d'électeurs; que le caractère national avait trop de noblesse pour qu'une pareille mesure pût être nécessaire. En théorie, tout ceci est fort beau; mais la pratique des assemblées électorales est un guide beaucoup plus sûr. Appuyons-nous sur des faits, et ne nous laissons point égarer par des chimères. Il est trop vrai, et nous avons été souvent à même de l'observer, que beaucoup d'électeurs, soit par une économie mal entendue, soit par une indifférence coupable, négligent d'assister aux assemblées, se persuadent que leur présence n'y est pas nécessaire, et laissent ainsi le champ libre à l'esprit de faction, aux intrigans politiques. Le gouvernement oppresseur de Bonaparte était parvenu à rendre les citoyens insoucians envers l'Etat. La vue de la corruption profonde des assemblées législatives sous ce despote jetait le découragement dans les cœurs, et d'ailleurs il était naturel de refuser sa coopération à des élections dont les résultats tournaient au profit du Gouvernement. Mais aujourd'hui les temps sont changés ; le plus grand soin du législateur doit être de ranimer cet esprit public dont Bonaparte a été le meurtrier. Si des électeurs négligens par habitude refusaient de concourir aux élections, une peine morale, une dégradation civique devrait leur être infligée. La crainte du déshonneur est un mobile que le législateur peut faire agir avec succès.

On punit les citoyens qui négligent de remplir les fonctions honorables de juré, et l'on ne punirait pas ceux qui refuseraient d'être électeurs ! Cette contradiction est trop manifeste pour faire fortune sous un gouvernement constitutionnel.

On a proposé encore de retirer d'entre les mains des préfets les listes d'électeurs ; cet amendement, qui frapperait le dernier coup à l'arbitraire, aurait dû être adopté. On devrait également enlever à l'autorité le droit de dresser les listes des jurés ; cette formalité est destructive de la liberté publique.

La Chambre, renouvelée cette année par cinquième, acquerra nécessairement un degré de constitutionnalité de plus, puisque, comme nous l'avons dit, la loi des élections ne peut produire des choix contraires à la constitution et au bien de l'Etat. La ville de Paris se trouve aujourd'hui dans le nombre de celles qui doivent réélire leurs représentans. Ce sera un beau et grand spectacle de voir les assemblées électorales, formées sur un nouveau plan, se réunir pour la première fois ; leur conduite et les résultats de leurs travaux donneront aux Français la mesure de ce qu'ils doivent espérer de la loi des élections, et confirmeront par des faits ce que plusieurs personnes regardent encore comme une brillante théorie.

Un écrivain français, dans une brochure sur les élections, s'est efforcé de diriger l'opinion des électeurs, et de leur dicter les choix qu'il devaient faire (1). Il a désigné des hommes qui, entourés de la vénération des contemporains, n'avaient pas besoin de ce suffrage ; le noble et courageux ami de Washington, ce *Lafayette* à jamais célèbre dans les fastes de l'Amérique, ce vieux soldat de la liberté, vit dans toutes les mémoires, et ne pouvait être oublié des vrais Français. Il était également inutile de citer M. Lafitte ; ses talens, son courage, et l'influence colossale qu'il exerce, étaient des titres qu'on pouvait se garder d'enregistrer (2). Mais ce qu'on ne peut s'expliquer, c'est l'intention qui a fait con-

---

(1) Cette brochure anonyme est attribuée à un chimiste assez distingué. Elle contient des erreurs qu'il est d'autant plus nécessaire de réfuter, qu'elles sont confondues avec des vérités utiles. Le mélange du faux et du vrai affaiblit l'autorité de l'un, et rend l'autre plus dangereux.

(2) D'autres noms recommandables se trouvent à côté de M. Lafitte et de M. de Lafayette ; MM. Manuel et Dupin méritent d'obtenir nos suffrages. Leur fermeté, leur talent les recommandent aux électeurs ; mais on ne sait pourquoi l'auteur de la brochure *sur les Élections* voudrait faire un Institut de la Chambre des Députés.

fondre avec des hommes justement renommés des individus sans caractère politique, ou sans considération assez répandue pour mériter d'être mis en avant. En effet, je le demande, en quoi est-il utile de placer parmi les représentans de la nation des grammairiens, des géomètres, des chimistes, et même des métaphysiciens (1)? L'étude des sciences exactes ou des abstractions est rarement compatible avec ce courage et cette chaleur

---

(1) Ceci ne doit s'entendre que des savans dans les sciences exactes, ou dans celles qui ne touchent point à la politique. Les hommes qui ont étudié la science financière, l'économie publique, peuvent et doivent figurer dans les assemblées intéressées à recueillir toutes les lumières. Ainsi nous sommes de l'avis de l'auteur quand il désigne MM. Say et Saint-Aubin ; ces fondateurs de la science économique en France ne se distinguent pas moins par leur caractère que par leur savoir. Mais nous ne pouvons approuver une partie des autres choix qu'on propose. En général la brochure *sur les Élections*, à laquelle on a voulu donner une grande importance, est l'ouvrage d'un homme qui n'est point assez exempt d'esprit de parti ; il est de l'intérêt de la philosophie que ceux qui se disent enrôlés sous ses bannières se montrent libres de tous les préjugés qu'ils condamnent dans leurs ennemis.

politique si nécessaires dans un Député du peuple. Bonaparte, qui voulait tout attirer vers sa personne, commit une grande faute quand il revêtit des principales dignités de l'Etat des savans qu'il devait seulement encourager et honorer. Aussi la paya-t-il bien cher lors de sa déchéance ; car, de même que ceux-ci n'avaient pu résister à l'ascendant des richesses et des cordons, ils ne purent opposer à la tempête dont il fut renversé une force d'âme qui peut-être eût conjuré l'orage. Si c'est un principe de politique d'encourager les savans ; c'en est aussi un de ne point les revêtir de fonctions publiques. Les sciences et l'Etat en souffrent : qui a étudié les secrets de la nature n'a pu en même temps porter autour de lui des regards assurés, et il est peut-être vrai de dire qu'en général les hommes supérieurs à leur siècle dans un genre restent au-dessous dans les autres. Newton, le premier génie des temps modernes, échoua dans ses interprétations de la Bible. Voltaire, l'esprit le plus universel qui fût jamais, ne put atteindre les plus médiocres géomètres.

Une autre erreur plus générale, plus accréditée, c'est l'arrêt de réprobation qu'on voudrait prononcer contre la classe des avocats, fondé sur des dangers prétendus qu'il y aurait à les élire. L'auteur de la brochure est surtout de cet avis ; il ne conçoit pas comment, après les maux prétendus que les avocats auraient causés dans la révolution, on pourrait les nommer Députés. Selon lui, ils sont verbeux, amis du paradoxe, et préfèrent des théories brillantes à la vérité. D'après le dépouillement des listes de Députés aux différentes assemblées depuis vingt-cinq ans, il montre que le nombre des avocats a été toujours en augmentant, d'où il conclut *très-pertinemment* que cette progression est la cause de nos malheurs (1).

Sous l'ancien régime, les charges de la magistrature étant vénales ou héréditaires, l'or ou la naissance faisaient les magistrats. L'ignorance n'était point un motif d'exclusion des fonctions judiciaires. Les avocats, au contraire, obligés d'éclairer ceux devant lesquels ils parlaient, devaient avoir d'autant plus de connaissances et de talent oratoire que leurs juges en avaient moins. Aussi toutes les lu-

---

(1) On a déjà réfuté ces assertions dans une brochure intitulée, *les Avocats législateurs*.

mières, qui sont le fruit de l'étude et de l'exercice de la raison, s'étaient-elles réfugiées chez les avocats, qui, par une conséquence naturelle, se montrèrent les plus ardens défenseurs de la liberté.

A l'Assemblée constituante, les trois ordres ayant envoyé des Députés, la noblesse, le clergé durent en fournir le plus grand nombre; les avocats, faisant presque tous partie du tiers-état, ne purent se trouver en force. Cependant leur classe fut une de celles dans lesquelles on rencontra le plus de talens.

A l'Assemblée législative, la noblesse et le clergé, déjà déchus d'une grande partie de leur considération, ne durent fournir que bien peu de Députés. Le tiers-état élut un plus grand nombre de représentans. Placés par leur talent et leur influence à la tête de cet ordre, les avocats obtinrent le plus de voix. Ainsi s'explique leur accroissement sensible.

A la Convention, les circonstances étaient changées. La noblesse, émigrée ou proscrite; le clergé, réduit à mener une vie solitaire et errante, ne purent obtenir des suffrages que les électeurs eussent payés de leur tête. Le nombre des avocats s'accrut encore. La France était devenue un vaste club dans lequel le plus éloquent gouvernait la masse du peuple. Les avocats, accoutumés à l'exercice de l'art oratoire, indépendans d'ailleurs par leur caractère, exercèrent naturellement une influence considérable; et si quelques-uns se livrèrent à des écarts que la nation opprimée oublie avec peine, d'autres se distinguèrent par le patriotisme le plus éclairé, le courage le plus admirable.

La plus noble fonction de l'homme est de protéger l'opprimé contre l'oppresseur; elle épure celui qui la remplit dignement; elle lui fait contracter l'habitude de dire la vérité, de parler avec cette indépendance qui s'allie toujours au vrai courage. Bonaparte, sachant bien qu'il ne pourrait jamais fléchir l'austérité républicaine du plus grand nombre des avocats, tenta de les avilir; et c'est sous un Roi juste, sous un régime constitutionnel que l'on reproduit contre eux ces attaques indiscrètes et ces reproches iniques!

Il faut, dans les assemblées législatives, des hommes versés dans l'étude des lois, habitués à manier l'art de la parole, capables de discuter les questions abstraites de la législation;

des hommes indépendans par état, par caractère, affranchis de la tyrannie des places salariées, guidés seulement par la voix de leur conscience : il faut donc des avocats.

Si l'éloquence a produit des malheurs parce qu'elle fut mal employée, proscrirez-vous l'éloquence? Si les sentimens de liberté, poussés à l'extrême, ont fait naître des discordes, proscrirez-vous l'amour de la liberté? Si des avocats égarés par leur intérêt ou par des moteurs secrets, s'abandonnèrent à des erreurs déplorables, n'a-t-on trouvé que parmi eux des démagogues insensés ; et les crimes de la révolution n'ont-ils pas déshonoré des grands, des nobles, et même des prêtres? Eh! relisons les pages sanglautes de son histoire : quel homme, depuis vingt-cinq ans, n'a pas été plus ou moins coupable, l'un par exagération, l'autre par lâcheté, celui-ci pour avoir trop exigé, celui là pour n'avoir rien voulu céder? Toutes les classes ont sacrifié à quelque erreur ; toutes ont besoin d'un pardon réciproque.

On a été jusqu'à dire : Quand on songe que Robespierre était avocat, qui osera jamais elire un avocat sans frémir? Quelle conséquence! Si Robespierre fut avocat, le vertueux défenseur de Louis XVI le fut aussi. Des prêtres ont déshonoré leur caractère ; repousserez-vous le clergé des élections ? Jacques Clément immolant Henri III, Guignard, Mariana, faisant l'apologie du régicide, ont-ils effacé Las Casas consolant l'Amérique des crimes de l'Espagnol, Vincent de Paule se courbant sous des fers destinés aux prisonniers, Fénélon disgracié pour avoir dit la vérité au plus absolu des rois, et condamné par la cour de Rome pour avoir trop aimé son Dieu ?

CHAPITRE VI.

Suite. — Loi sur la liberté individuelle. — Loi sur la liberté de la presse.

Il est des principes tellement reconnus aujourd'hui, qu'on ne pourrait les violer ouvertement sans se couvrir à-la-fois d'odieux et de ridicule. Consacrés par les Chartes anciennes et nouvelles, presque tous les souverains se sont efforcés d'éluder leur application. Il les proclamaient hautement, et les méprisaient tout bas; leur rendaient en plein jour un hommage perfide, et les foulaient aux pieds dans l'obscurité et le secret. On peut étendre à presque tous les temps, à presque tous les gouvernemens cette pensée de M. de Châteaubriant: « On est libre par les lois, mais esclave par l'administration. » Quel souverain, même le plus despotique, n'invoque pas la liberté dans ses ordonnances, et ne cherche pas à tromper par de séduisantes promesses le peuple qu'il opprime? Quelques monstres seulement ont osé joindre au despotisme la franchise de la cruauté ; les autres ont cherché à colorer leurs actions. Philippe-le-Bel, Louis X, Philippe-le-Long, Charles IV, reconnaissaient dans leurs ordonnances que la nature avait créé tous les hommes égaux et libres, et cependant ces rois maintenaient l'esclavage parmi les Francs, ou leur faisaient payer au poids de l'or leur affranchissement. Charles IX parlait du bonheur des Français en ordonnant la Saint-Barthélemy ; Napoléon établissait le despotisme militaire en parlant des droits du peuple.

La liberté individuelle est assurément l'un des principes les plus universellement proclamés, et cependant jamais ou presque jamais on n'en a joui en France. Sous l'ancien régime, les lettres-de-cachet, les mesures de police sous le nouveau, ravirent aux citoyens le droit dont ils sont si jaloux, de ne pouvoir être arrêtés arbitrairement, ou détenus sans être jugés. Depuis la révolution, les lois destructives de la liberté individuelle étaient tellement en contradiction avec les différentes chartes dont on avait leurré la nation, qu'il a fallu chercher quelques moyens de les justifier. Cette justification se trouve toute entière dans ces mots : *les circonstances !* Cette expression de la crainte du Gouvernement est en quelque sorte magique : sitôt qu'elle est prononcée, toutes les lois protectrices sont suspendues ; talisman irrésistible, elle a le pouvoir de tout faire entreprendre, et de persuader au peuple qu'on l'accable pour son plus grand bonheur.

Ce sont encore les circonstances qui ont fait suspendre aujourd'hui la liberté individuelle en France. Voyons donc ce que l'aspect de notre patrie présente de si épouvantable, et qui doive justifier les paniques terreurs de certains esprits.

La France est calme, et souffre avec résignation les charges qui lui sont imposées ; les travaux de la dernière Chambre ont rétabli la confiance ; chacun vaque à ses occupations habituelles avec la sécurité que donne l'espérance de rentrer chez soi sans obstacle. Si les capitalistes n'ouvrent pas encore leurs coffres-forts avec une assurance entière, du moins commencent-ils à répandre les sources de la richesse dans toutes les veines du corps social. Le peuple est malheureux, mais tranquille ; s'il gémit des privations que lui imposent les malheurs de la guerre et l'intempérie des saisons, il est moins que jamais animé de cet esprit turbulent qui annonce les révolutions prochaines ; toute la patrie ressemble à un couvalescent affaibli par les remèdes, et qui n'a plus besoin que de restaurans énergiques. L'échauffer, lui rendre sa vigueur passée, telle est la marche que doivent suivre les médecins politiques de l'Etat. La liberté de la presse, la liberté individuelle, la liberté des cultes, voilà ce qu'il lui faut. Réduits, par une longue tyrannie, à une sorte d'insouciance morale, insensibles aux malheurs publics tant qu'ils ne portent aucune atteinte à leur intérêt, un grand nombre de Français ont besoin d'institutions généreuses qui raniment dans leur cœur à demi-glacé le feu sacré de l'amour de la patrie; et c'est ne vouloir ni leur bonheur ni leur repos que de continuer contre eux un système d'oppression et de mensonge.

La nouvelle loi sur la liberté individuelle est non-seulement impolitique, elle est même inutile. Que d'articles du Code pénal laissent à l'autorité la faculté de détenir arbitrairement les citoyens ! que de moyens sont fournis par notre système de procédure pour entraver la marche de la justice, et prolonger presque à volonté la durée des emprisonnemens!

Mais, dira-t-on, les garanties que donne cette loi doivent rassurer les citoyens. Elle est aujourd'hui tellement combinée que ses dangers n'existent plus, tandis que ses avantages restent. Dans le cas où cette assertion serait fondée, la loi n'en demeurerait pas moins inutile, puisque les avantages dont on parle peuvent être obtenus par des lois préexistantes. Mais il n'en est pas ainsi. Cette loi, quelle qu'elle soit, sera toujours oppressive et injuste; elle fera languir dans l'horreur des cachots un grand nombre d'innocens, puisque tout accusé non jugé est, par un bénéfice de la loi, considéré comme innocent, une présomption ne pouvant établir la culpabilité, et nul intermédiaire ne se trouvant entre l'innocent et le coupable.

On a remarqué que les plus grands partisans de la suspension de la liberté individuelle en 1815, se sont montrés, en 1816, les plus grands adversaires de cette suspension dans l'affaire de Robert, et lors de la discussion du projet. Cette loi, qu'un orateur de 1815 n'avait pas craint d'appeler une *loi de salut* (1), a été qualifiée, en 1816, *loi d'esclavage, attentat à la liberté des citoyens*. Selon moi, le dernier jugement est le meilleur; mais toujours est-il que celui qui dit aujourd'hui *blanc* et demain *noir* ment nécessairement une fois.

La suspension d'une de nos libertés n'a pas paru suffisante; on a craint que nous n'abusassions de celles qui nous restent; les modifications apportées au droit de publier les pensées, en se conformant aux lois répressives, ont révolté les véritables amis de la patrie. Cette liberté de la presse, solennellement promise par la Charte, suspendue depuis par deux lois subséquentes, est un des plus grands appuis du système représentatif; sans elle tout l'édifice s'écroule. A quoi sert, en effet, la publicité des discussions sur nos intérêts les plus chers, si la presse ne peut les faire connaître à toute la France? Comment réaliser la responsabilité des ministres s'il est défendu de les dénoncer publiquement? Les

---

(1) M. Hyde de Neuville.

Chambres sont là pour résoudre sur nos besoins et nos devoirs ; mais n'y a-t-il pas hors de leur sein des lumières qui puissent éclairer et l'autorité qui propose, et la législature qui sanctionne ?

Tout a été dit en faveur de la liberté de la presse. Tous les sophismes ont été épuisés pour la combattre. Le ministère, en convenant aujourd'hui qu'elle est indispensable, ajoute que les modifications temporaires qu'on y apporte sont justifiées par les circonstances, et que la loi restreint ces modifications aux feuilles périodiques. Cette mesure est-elle juste ? La loi de la nécessité commande à la justice. Est-elle politique ? Le ministère résout cette question affirmativement, et voici quelques-uns des raisonnemens qu'il emploie. Les journaux sont des tribunes publiques dans lesquelles on flatte les espérances, et l'on excite les passions des factieux. *Réponse*. La loi répressive est là, et les tribunaux peuvent en connaître. Mais, dit-on, le mal n'est pas sitôt réprimé qu'il n'ait déjà fait des progrès. *Réponse*. Si pour prévenir le mensonge, vous empêchez la vérité de se faire entendre, y a-t-il compensation ? Si d'un côté le mal que produisent les factieux peut être neutralisé chaque jour par les gens auxquels on laisse la parole, et si de l'autre le bien dont la prohibition arrête l'effet ne peut être compensé par rien, lequel préférera-t-on de l'esclavage et de la liberté?

Deux autres objections importantes s'élèvent contre la liberté des journaux.

Le mal que les feuilles publiques ont causé depuis la révolution. Ce reproche tourne contre ses auteurs, puisque le plus léger examen suffit pour faire reconnaître que jamais depuis vingt cinq ans les feuilles publiques n'ont été libres. Pour qu'il y ait liberté d'agir, il faut qu'il y ait confiance dans les promesses de l'autorité. Or, pendant la terreur, il ne pouvait en exister. Le malheureux Camille-Desmoulins a bien prouvé par sa mort qu'il n'y avait alors de libres que les vainqueurs. Sous le Directoire et sous le Premier-Consul la liberté de la presse n'exista jamais entière. Sous l'empire, les bouches furent enchaînées mieux que jamais, et depuis...... Les maux faits par les feuilles publiques ne sont pas l'effet de la liberté de ces feuilles. Ne seraient-ils pas plutôt l'effet de leur esclavage?

La seconde objection, celle qui, au premier aspect, semble concluante, c'est la situation de la France à l'égard des puissances étrangères. On craint que l'indiscrétion des journalistes ne mette la patrie en péril. Cette crainte pourra être fondée tant que les journaux seront esclaves; en effet, le Gouvernement dirigeant leur rédaction, tout ce qu'ils contiennent doit être regardé comme tacitement approuvé par lui; mais si une loi proclamée par les Chambres, insérée dans les journaux étrangers, apprenait aux hauts alliés que les feuilles publiques sont libres en France, alors ces feuilles seraient assimilées aux papiers anglais, belges et suisses; les opinions qu'elles contiendraient seraient regardées comme des opinions particulières, et le Gouvernement ne supporterait aucune responsabilité. Le moyen de penser alors que des souverains respectables par leurs lumières se formalisassent des expressions d'un individu, et déclarassent en haine de lui la guerre à toute la France ! Ce serait les offenser que de le croire.

L'auteur de la *Coalition de la France*, celui des *Essais sur quatre grandes questions politiques*, ont-ils eu l'honneur de faire naître des notes diplomatiques contre leurs ouvrages? La mesure n'est donc pas réclamée par la politique.

Les journaux sont soumis à la censure, dit-on ; mais les autres écrits peuvent paraître sans obstacle. Faites des brochures. Sans doute vos opinions seront moins répandues; mais elles le seront encore assez pour dessiller les yeux de l'autorité, pour renverser un ministre prévaricateur, pour éclairer les deux Chambres. Quoi ! si un ministre me fait attaquer dans un journal, on me permet seulement de répondre dans une brochure ! la partie est-elle égale? Un folliculaire me déshonorera aux yeux de cent mille Français, et je ne pourrai me justifier qu'aux yeux d'un nombre dix fois moindre ! Voilà cependant où conduit la mesure proposée.

Supposons cependant que je me contente de la faculté qui m'est laissée. Je fais une brochure dans laquelle je démasque une iniquité ministérielle, je repousse une injuste aggression, je cherche à sauver mon honneur noirci par la calomnie? Qu'arrive-t-il? On me mande devant un tribunal composé de juges payés par l'autorité qui m'accuse; un procureur du Roi, organe de cette autorité, me dit publiquement qu'attaquer un ministre, c'est attaquer le Roi; mes expressions, torturées, reçoivent une interprétation aussi contraire aux règles de la langue qu'au texte de la loi. On me dit que je ne dois pas écrire sur la politique si je n'ai pas de tact et de mesure dans l'esprit (1). En vain je réponds que j'ai usé du droit de me défendre; que j'ai cédé au desir de servir mon pays; que j'avais cru jusqu'ici

---

(1) Nous ne disons rien ici de l'étrange doctrine que l'on a soutenue devant les tribunaux, et de laquelle il résulterait que les imprimeurs seraient censeurs responsables des ouvrages qu'ils impriment. N'est-ce pas confondre toutes les idées, et soumettre à-la-fois la presse à un esclavage arbitraire, les auteurs à la volonté d'individus ordinairement sans-lumières, et les imprimeurs à des travaux incompatibles avec leur état et souvent leur éducation?

Espérons que la Chambre des Députés réformera cette absurde législation, qui confond le coupable avec l'innocent. On ne craint point de le dire, des principes aussi erronés sont subversifs de l'ordre public, de la liberté, et s'ils pouvaient jamais être appliqués, il faudrait désespérer du règne de la raison, de l'efficacité de la Charte, et du salut de la patrie.

que la satire seule avait droit sur les ouvrages de l'esprit, et que je n'avais jamais vu que la loi frappât un auteur parce qu'il n'avait point de talent; en vain ajoutai-je que la Charte a déclaré les ministres responsables, qu'en conséquence je puis les attaquer; que mes expressions n'ont pas le sens qu'on leur donne; qu'un juge doit s'attacher à la lettre, et non à l'intention prétendue d'un écrit; tous ces raisonnemens ne sont point entendus, et le réquisitoire seul est pris en considération (1).

---

(1) Montesquieu, le plus sage mais aussi le plus sûr des défenseurs de la liberté, emploie un chapitre de l'*Esprit des Lois* à combattre cette maxime d'esclave : *Attaquer un ministre, c'est attaquer le Roi et l'État*. « Une loi des Empereurs, dit ce grand écrivain, » poursuivait comme sacriléges ceux qui doutaient du » mérite des hommes que le prince avait choisis pour » quelque emploi. Ce furent bien le cabinet et les » favoris qui établirent ce crime. Une autre loi avait » déclaré que ceux qui attentent contre les ministres » ou contre les officiers du prince sont criminels de » léze-majesté, comme s'ils attentaient contre le prince » même. Nous devons cette loi à deux princes qui furent » menés par leurs ministres comme les troupeaux sont » conduits par les pasteurs; deux princes esclaves dans

Telle sera la suite des jugemens de cette nature sur les ouvrages saisis, que personne n'osera plus parler, et que la faculté de publier ses pensées accordée par la Charte, confirmée par une loi, restera sans effet et sans application. Si, au contraire, un jury légalement composé, d'après le sort et non d'après des listes de préfets, débarrassé d'un entourage de magistrats payés par le Gouverne-

---

» le palais, enfans dans le conseil, étrangers aux ar-
» mées, qui ne conservèrent l'empire que parce qu'ils
» le donnèrent tous les jours.....

» C'est pourtant sur cette loi que se fondait le rap-
» porteur de M. de Cinq Mars (le sieur de Laubar-
» demont), lorsque voulant prouver qu'il était cou-
» pable du crime de leze-majesté pour avoir voulu
» chasser le cardinal de Richelieu des affaires, il dit :
« Le crime qui touche la personne des ministres, des
» princes, est réputé, par la constitution des Empe-
» reurs, de pareil poids que celui qui touche leur
» personne. Un ministre sert bien son prince et son
» État ; on l'ôte à tous les deux, c'est comme si
» l'on privait le premier d'un bras, et le second d'une
» partie de sa puissance ». Quand la servitude elle-
» même viendrait sur la terre, elle ne parlerait pas
» autrement ». (*Esprit des Lois*, liv. XII, ch. 8.)

ment ; si un jury récusable en entier par les accusés, conformément à la loi anglaise, connaissait des délits de la presse ; si au ministère public, toujours accusateur et qui peut être mu par des influences étrangères, on substituait un rapporteur impartial comme la loi, chargé seulement de réunir les faits et de les présenter dans le jour le plus favorable, puisque la justice doit être essentiellement humaine ; alors la liberté de la presse serait solidement établie ; la répression légale ne se changerait jamais en oppression légale, et l'autorité deviendrait plus forte de l'esprit public qu'une pareille mesure ferait naître.

Les lois sur la liberté individuelle et sur les journaux ont été vivement combattues à la Chambre par le côté droit, devenu, comme nous l'avons dit, libéral par sa position. Quelques membres de la majorité, amis sincères de l'Etat et de l'indépendance, ont cru que leur qualité de constitutionnels les engageait à voter contre les ministres quand ceux ci s'écartaient des limites de la constitution. Ainsi l'on a vu, par un contraste frappant, et cependant facile à expliquer, un des plus solides appuis de la Charte, M. Voyer-d'Argenson, voter avec MM. de Villèle, Labourdonnaye et Marcellus. Leçon frappante pour les Ministres qui voudraient s'écarter de la loi fondamentale de l'Etat !

CHAPITRE VII.

Suite. — Loi des finances. — De l'Emprunt. — Des Bois de l'État.

De toutes les lois qui se sont offertes à la discussion des Chambres, aucune ne présentait plus de difficultés que la loi des finances. En temps ordinaire, les dépenses étant connues, les moyens de les couvrir ne l'étant pas moins, la discussion du budget ne peut porter que sur des améliorations dans le mode de prélèvement des impôts, et dans la meilleure répartition des sommes mises à la disposition du trésor. Mais aujourd'hui que la France, épuisée par de longues guerres, par deux invasions successives, par la contribution levée sur elle, ne peut même suffire à ses besoins intérieurs; lorsque l'intempérie des saisons se joint à tant d'autres calamités, quelles difficultés de tout genre ne présentait pas une loi de finances capable de subvenir à tous les besoins, et de couvrir tous les engagemens!

Dans cet état vraiment déplorable, le moindre mal était tout ce qu'on pouvait espérer de la Chambre des Députés. Il eût été injuste de lui demander des efforts surnaturels; si elle n'eut point le pouvoir de faire ce qui appartient à Dieu seul, quelque chose avec rien, du moins lui devra-t-on cette justice, qu'elle sut adopter un parti moyen entre les intérêts publics et les intérêts particuliers, et que si elle n'a pas réparé ce qui est irréparable, elle a modifié le mal autant que cela était humainement possible.

La discussion du projet de loi de finances offrait aux membres de la Chambre des moyens nombreux de poursuivre une facile popularité. Le mot de *réformes* une fois prononcé, la carrière était ouverte à ceux qui voulaient jouer le rôle de tribuns du peuple; et les ministres, quelque modérées que fussent leurs demandes, devaient s'attendre à être accusés de dilapidations.

Dans une position si délicate, quel était le devoir des vrais Français? la modération, un parti intermédiaire entre les propositions ministérielles et les réclamations du côté droit; mais il fallait, pour remplir ce difficile devoir, d'autant plus de courage que cette conduite pouvait prendre une couleur peu favorable, et que les opposans, engagés sur le terrain des réformes, avaient la faculté de donner le change à la nation.

Le chemin à suivre était celui des économies compatibles avec l'intérêt public et avec la majorité des intérêts privés. Trop demander eût été dangereux; trop peu demander eût été se rendre suspect.

Telle était la situation de la Commission; et j'ose dire qu'elle en est sortie avec gloire. Cette Commission si calomniée a soutenu la cause publique avec unc ourage qui mérite une éternelle reconnaissance. Egalement éclairée sur chaque partie du service, elle a su allier la sévérité à l'indulgence, et modérer, d'un côté comme de l'autre, les mesures exigées par notre situation financière.

M. de Villèle, dans un discours remarquable, a proposé un grand nombre de réformes que la Chambre n'a point adoptées de son chef, mais qu'elle a recommandées à l'attention du ministère. L'espoir qu'elle avait dû concevoir du patriotisme des ministres n'a point été trompé; et c'est ici que se confirme ce que j'ai dit sur l'utilité des discussions de l'opposition. Le Gouvernement, éclairé par elle, réalise chaque jour de nouvelles économies; déjà de grandes fonctions dont l'utilité n'était pas constatée ont été supprimées, et c'est en partie aux éloquentes réclamations de M. de Villèle que ces améliorations sont dues.

La Commission, la Chambre toute entière, ne pouvaient avoir une connaissance assez intime de l'administration pour décider si telle ou telle réforme était possible, mais elles pouvaient les indiquer au ministère ; c'est ce qu'elles ont fait, et le plus grand éloge qu'on puisse faire des agens du Gouvernement, c'est qu'ils ont compris et satisfait les Chambres.

Plusieurs amendemens à la loi des finances honorent ceux qui les ont présentés. Celui qui impose aux ministres la loi de faire dresser la liste des pensions doit produire les meilleurs résultats. S'il est dans l'intérêt de la nation, s'il est de sa dignité d'assurer à ceux qui l'ont fidèlement servie une pension honorable, il est de sa justice de ne point laisser l'avidité et l'intrigue envahir les secours dus à l'indigence, et les récompenses dues à la vertu. On verra, suivant l'ingénieuse expression de M. Rivière, si le mérite de tant d'hommes n'est pas plus *léger* que leurs récompenses; la nation toute entière pourra juger son Gouvernement. Celui qui résiste à une telle épreuve est à coup sûr le meilleur qu'on puisse avoir.

Les questions de la centralisation et de la spécialité ont été débattues encore une fois cette année, sans que l'on puisse ajouter un argument de plus à ceux qui ont été faits, soit en faveur, soit contre l'une et l'autre. M. Fiévée lui-même, ce partisan si outré de la spécialité, chercherait en vain dans toute la discussion une nouvelle preuve de la validité de son système, le meilleur de tous comme on sait, ce savant publiciste ne s'étant jamais trompé, excepté quand il a cru qu'il serait ministre.

Le lecteur n'attendra pas de nous de fastidieux raisonnemens sur ce point d'administration publique. Nous nous contenterons de dire qu'il semble que la centralisation rende les Gouvernemens plus forts et les provinces plus pauvres; tandis que la spécialité divise la puissance dans un nombre infini de ramifications, et ranime la liberté et le commerce dans les départemens. Peut-être le système de spécialité est-il plus favorable au trésor public, et la centralisation plus favorable à la puissance monarchique.

L'opposition a donné, dans cette discussion, un nouvel exemple de sa versatilité, en défendant cette année ce qu'elle avait attaqué l'année dernière.

Les budgets des différens ministères ont été discutés à la Chambre avec une chaleur remarquable. C'est alors que l'on a vu un grand nombre de Députés se récrier, proposer des économies impossibles, déclamer contre des dépenses dont le but était utile ou noble. Par exemple, on a condamné la générosité du Gouvernement à l'égard des réfugiés espagnols; on a calomnié ces réfugiés; leur caractère a été avili, leurs intentions rendues suspectes, leurs opinions dénaturées. Enfin tous les moyens ont été mis en œuvre pour les deposséder des faibles pensions que le Gouvernement leur accorde.

De tous les adversaires de ces exilés, nul n'a montré plus d'acharnement que M. Clauzel de Coussergues. On a eu lieu d'être surpris de voir un homme qui fut revêtu de fonctions publiques sous le dernier Gouvernement, dénoncer des infortunés, les présenter comme les favoris de ce Gouvernement, comme l'espérance de la sédition, et leur disputer le pain qu'une généreuse compassion leur donne. A quel sentiment est-il accessible celui qui, après l'avoir médité, composé dans le sang-froid du cabinet, prononça devant une grande assemblée un discours où les plus nobles affections de l'homme sont méconnues, où la pitié est traitée de faiblesse, où l'infortune est non-seulement méprisée, mais peinte comme criminelle, et accusée de projets séditieux? La voix secrète de la conscience, cette voix qu'on cherche en vain à étouffer, a-t-elle ordonné de fouler aux pieds les droits du malheur, et du malheur non mérité? Est-il homme, est-il Français, est-il Chrétien celui qui compose et débite un discours dans lequel on ne sait ce qui est le plus révoltant de l'injustice ou de l'inhumanité?

Comme on l'a vu dans le cours de cet écrit, nous ne sommes pas les flatteurs du ministère; les droits du peuple sont notre plus cher intérêt. Les éloges d'un ministre que nous ne connaissons que de nom, dont nous critiquerions au besoin les actes et les actions, ne doivent pas être suspects dans notre bouche. La vérité réclame cet aveu. Jamais la prérogative sacrée du malheur n'a été défendue avec plus de talent, avec un enthousiasme mieux senti que dans le discours du ministre de l'Intérieur. Ce discours improvisé est un chef-d'œuvre de raison, de sentiment, d'éloquence. Jamais les orateurs de la révolution n'ont allié à un plus haut degré la hardiesse des figures à la touchante vérité des pensée. Gloire immortelle au défenseur de l'infortune ! gloire à l'orateur qui la vengea de la calomnie. Son nom sera désormais vénérable. Les contemporains sont une vivante postérité pour les vengeurs de l'infortune opprimée.

La discussion du budget du Ministre de la guerre a donné lieu à des contestations très-animées. On a eu lieu d'être étonné de voir des militaires monter à la tribune pour défendre, non l'intérêt de leurs commettans, mais ce qu'ils appelaient *leur ministre*. On s'est demandé si le Ministre de la guerre devait avouer de pareils défenseurs, et la méfiance trop juste qu'ils ont fait naître doit prouver que leur conduite n'était pas sans reproche. En vain M. Jobez a-t-il voulu rendre à la Chambre son vrai caractère, des vociférations ont étouffé sa voix ; et les plus odieuses accusations lui ont été prodiguées. Quelque respect que nous éprouvions pour M. le général Ernouf, nous avouerons que ce n'est pas sans un sentiment de douleur que nous l'avons entendu menacer un représentant qui avait fait son devoir, *de la poussière de l'infamie*. Ces sorties indécentes honorent-elles le caractère de celui qui se les permet ? Est-il convenable qu'un Député dise : *notre ministre ?* Un Député a-t-il, doit-il avoir *un ministre ?* Est-ce là ce que son mandat lui ordonne ?

Une des plus importantes délibérations dont les assemblées se soient jamais occupées, c'est celle de l'emprunt et du crédit.

Les conséquences d'un système nouveau, lorsque nous sommes réduits à un sort si pénible, rendaient la position des délibérans aussi embarrassante pour eux qu'instructive pour nous. Si les avantages du crédit sont encore une question en Angleterre, que penserons-nous en France de l'établissement d'un système dont les plus ardens amis disent encore qu'il est périlleux ? Ce qu'il y a de certain, c'est qu'aujourd'hui les raisonnemens qu'on pourrait faire sur ses avantages ou sur ses dangers ne reposent que sur des hypothèses. Il appartient à l'avenir de décider si la session de 1816 a bien mérité de la patrie en fondant une loi de crédit; si les biens qu'on en pourra retirer compensent l'immense inégalité des sommes qu'elle emprunte avec les valeurs qu'elle donne ; si l'activité que cette loi imprimera à la reproduction ne doit point être une activité passagère et de peu de durée. Les meilleurs esprits sont partagés. Les uns voient la perte de l'Etat où les autres voient son salut. Les jugemens des plus habiles sont si divers que le parti du doute est le parti le plus sage pour les hommes qui n'ont point approfondi ces connaissances.

Une réflexion que tout le monde peut faire, c'est que la France n'est pas heureuse dans ses créations financières. On n'a oublié ni le fameux système de Law, ni les spéculations de l'abbé Terrai, ni enfin l'époque trop rapprochée des assignats.

Quel que soit le succès du système de crédit, du moins est-ce l'une des plus importantes opérations qu'une législature puisse faire, et c'est dans ce sens que nous avons représenté la session de 1816 comme l'une des plus remarquables qu'on ait vues depuis vingt-cinq années.

Le crédit une fois établi, tous les moyens de neutraliser la dette employés par l'Angleterre ont dû être proposés et admis. La caisse d'amortissement, fondée par Bonaparte, a reçu une nouvelle extension. Il a fallu la doter convenablement; les bois de l'Etat ont servi à cet usage. C'est ici que l'opposition s'écartant de son rôle d'emprunt, est redevenue elle-même; alors on a vu les partisans de la réintégration du clergé dans ses biens déplorer l'aveuglement de l'autorité, lancer des foudres sacrées contre les constitutionnels, intéresser les mœurs, la religion, dans la conservation des bois de l'Etat. L'imagination des orateurs a épuisé ses couleurs pour séduire l'âme des faibles. M. de Bonald a cru découvrir dans la vente des bois du clergé un triomphe de l'incrédulité. Il a compris Rousseau et Voltaire dans l'anathème, et ces deux philosophes se sont étonnés de voir leurs écrits accusés de la vente des bois affectés à la caisse d'amortissement. On a été plus loin : la perte de la France a été attachée à celle des bois. La prédiction d'un économiste a été rappelée (1). On a dit que les bois servaient de refuge contre les invasions étrangères, et que, s'ils étaient détruits, la France serait menacée d'esclavage. Enfin que n'a-t-on pas avancé pour préserver d'une coupe sacrilège ces forêts, *asyles des peuples malheureux, retraites des peuples primitifs* (2), *séjour de l'enchantement et des innocens plaisirs.*

Tous ces argumens, moins positifs que poétiques, n'ont pu résister à la logique de M. Camille-Jordan, qui, ramenant les opposans dans ce monde réel, leur a montré le budget de la dette publique, spectacle bien moins inspirateur qu'une belle forêt, mais plus instructif et plus utile. « La direction de l'imagination la » plus chevaleresque est de payer ses dettes », a dit M. Camille-Jordan, et la majorité de la Chambre, insensible aux beautés poétiques des arbres et de la verdure, a été du même avis.

---

(1) La France périra faute de bois.

(2) Expressions de M. de Bonald.

M. de Villefranche et plusieurs de ses collègues ont surtout répandu leur bile contre les partisans de la vente des bois du clergé. Les accusations bannales qu'adressent chaque jour les ennemis de la révolution aux amis de la philosophie ont été répetées avec un acharnement nouveau. Dans leur douleur métaphorique, les orateurs ont cherché dans les maladies physiques des comparaisons avec les maladies morales de l'Etat. On se souvient que M. Séguier déclarait la France attaquée du *typhus moral*, parce que les cachemires sont plus nombreux qu'autrefois. Aujourd'hui un membre, en médecin habile, a cru découvrir dans nos affections morbifiques les symptômes d'une hydropisie morale. Un de ses collègues n'a pas été de cet avis; le mal lui a paru mériter le nom de *paralysie*. Si l'on continue ainsi, bientôt nous aurons une nomenclature des maladies politiques, des traités d'hygiène, de physiologie, de pathologie, de nosographie. J'ai bien peur que de tous les maux divers dont nous sommes atteints, l'aliénation mentale ne soit le plus réel pour certaines gens qu'il faudrait traiter avec de l'ellébore plutôt qu'avec des raisonnemens.

CHAPITRE VIII.

Du Droit de pétition. — Pétition de Mademoiselle Robert. — Pétition des Elèves de la Faculté de Rennes. — Diverses autres Pétitions. — Projets de loi renvoyés à la session prochaine.

De tous les droits que la nature a donnés à l'homme, le plus sacré est sans doute celui de réclamer contre l'injustice. Il faut avoir parcouru les pages sanglantes de l'histoire des tyrans, et s'être familiarisé avec leurs crimes, pour ne pas s'étonner de voir la liberté de la plainte, cette liberté qui semble si juste, si naturelle, devenir un article de constitution, et ne pouvoir se passer d'une garantie légale. Déclarer dans une loi qu'il est permis aux citoyens d'élever la voix contre l'oppression, c'est tacitement reconnaître que ce dernier refuge du malheur lui était disputé dans les temps passés ; et des hommes regrettent encore ces époques barbares où la force était la loi, où la volonté d'un seul subjuguait la volonté générale, où l'opprimé ne pouvait élever impunément la voix contre l'oppression, où toute remontrance était un crime!

Oui, autrefois le droit de pétition était illusoire, et dans l'exercice, et dans le succès; s'il était permis de s'adresser aux rois, les pétitions, reçues à huis clos, souvent mises à l'écart sans avoir été lues, jugées sous l'influence des passions, de la prévention, de la colère, ne produisaient que rarement un effet desiré. Cet état de choses n'existe plus, grâce aux institutions que le peuple a demandées, et que la justice n'a pas permis de refuser. Le droit d'adresser des réclamations aux Chambres est un garant solide de la liberté publique, puisque la publicité de ces réclamations fera craindre aux ministres de tenter des mesures arbitraires, en intéressant l'opinion à la cause de l'opprimé.

Cette manière de procéder, autorisée par la Charte, donne au droit de pétition un utile développement; mais peut-être pourrait-on en tirer des fruits plus précieux encore si l'on perfectionnait le règlement des Chambres à cet égard. Elles ne peuvent, dans le plus grand nombre des cas, s'occuper de faire droit aux demandes des pétitionnaires, et sont contraintes de les renvoyer devant des ministres, de sorte que la présentation aux Députés du peuple n'est souvent qu'une vaine formalité, sans résultats utiles pour le réclamant, qui se trouve peut-être plus loin d'obtenir justice qu'il n'était avant de présenter sa pétition, puisque l'amour-propre du ministre peut se trouver blessé de la marche qu'il a suivie. Autant eût presque valu aller directement au Roi, qui, par une prérogative noble et touchante, est tout-puissant pour la clémence.

La pétition qui a fait naître les débats les plus sérieux pendant la session de 1816, est celle de la demoiselle Robert en faveur de son père. Il y a dans cette affaire deux questions très-distinctes à examiner : l'emprisonnement du prévenu et la suppression de son journal. La solution de la première ne paraît pas douteuse. Si la justice consiste à faire tout ce que la loi permet, l'emprisonnement du sieur Robert est juste. Est-il équitable ? c'est autre chose. Le vice vraiment déplorable des lois d'exception, c'est qu'en les appliquant on se met presque toujours en opposition avec les éternels principes de l'équité. La loi sur la liberté individuelle permettait non-seulement au ministre de faire arrêter le sieur Robert sur une simple présomption, mais encore de décider si la présomption existait. Elle lui accordait la triple faculté de déclarer suspect, de condamner comme tel, et de faire exécuter la condamnation.

Aujourd'hui la même faculté, quoique modifiée, appartient encore à l'autorité, et telle est la portion de liberté dont nous pouvons jouir sous le régime d'une loi semblable, que si demain il plaisait aux ministres d'arrêter ceux qui ne partagent pas toutes leurs opinions, ils en auraient le pouvoir, sans qu'on pût les accuser d'outre-passer les bornes de leurs attributions. Libres d'incarcérer qui bon leur semble, tout ce qu'ils ne font pas doit être mis sur le compte de leur modération.

Si la question de l'emprisonnement du sieur Robert est facile à résoudre, il n'en est pas de même de celle de la suppression de son journal. Il a été assez argumenté dans des sens divers sur cette question pour qu'il soit permis de douter.

La Charte déclare toutes les propriétés inviolables, et cet article est trop absolu pour qu'on puisse proposer des exceptions. Aussi les défenseurs de la mesure ont-ils répondu qu'un journal n'était point une propriété, mais un privilége révocable, et qui ne peut jamais constituer une propriété. Voici comment la loi sur les journaux s'exprime : « Les feuilles publiques ne pourront paraître sans l'autorisation du Roi. » Voici l'argument qu'on en tire : qui donne une autorisation peut la retirer. Mais, pour me servir d'une expression de Rousseau, c'est précisément parce qu'il nous la donne qu'elle est à nous, et devient notre propriété. La Charte dit que les juges nommés par le Roi sont inamovibles ; ne peut-on pas en tirer cet argument : si les juges tenant leur titre du Roi n'en peuvent être dépouillés sans jugement, les propriétaires de journaux autorisés par le Roi en peuvent-ils être privés par l'arbitraire ?

Le journaliste, dit-on, consent à tous les périls attachés à la concession du Roi. Je demanderai si un citoyen consent jamais à une clause qui autorise sa ruine ? Je demanderai encore s'il n'y a point quelque chose à dire d'un acte arbitraire par lequel vingt familles sont réduites à la misère parce que, dit-on, ces vingt familles ne vivaient qu'en vertu d'un privilége? Vous me permettez de fonder un journal; j'aliène toutes mes autres propriétés pour le faire prospérer, et tout-à-coup une ordonnance de police me supprime; elle ruine ma famille, mes créanciers; n'eût-il pas mieux valu me refuser votre privilége que de m'accorder une faveur que je ne puis m'empêcher de nommer perfide. Mais il est reconnu qu'aujourd'hui l'opinion publique réclame des journaux; vous deviez donc et m'accorder le privilége et ne m'en pas dépouiller arbitrairement. Si je m'écarte du devoir de l'écrivain, si j'attaque des choses et des personnes respectables, qu'un tribunal légalement composé me juge d'après les lois et sa conscience, mais ne confisquez pas improductivement les ressources de ma famille; n'enlevez pas à l'ouvrier un travail qui le nourrit; laissez au trésor l'impôt du timbre : tout y gagnera; l'humanité, la justice et la politique.

On assure que le sieur Robert a recouvré sa liberté. Ce qu'il y a de certain, c'est que je ne défends pas son journal par affection ; aucune feuille n'était animée d'un esprit aussi dangereux ; le rédacteur lui-même peut avoir personnellement mérité son sort ; mais le principe violé n'en doit pas moins être défendu.

On a remarqué, dans la discussion de l'affaire Robert, un discours éloquent de M. Ravez. Les seuls regrets qu'on doive éprouver, c'est que cet orateur ait gardé depuis un silence opiniâtre. M. de Serre a prononcé aussi un discours digne d'éloges. Toute la discussion, quoique sur un seul individu, a été très-instructive ; elle a prouvé le discrédit dans lequel l'arbitraire est tombé. Aujourd'hui les apologistes de certaines doctrines n'osent plus les défendre que d'une manière détournée, et leur pudeur est une assez grande prévention en faveur de l'opinion contraire.

Un grand nombre d'autres pétitions ont été présentées à la Chambre. Celle des élèves de Rennes a été rejetée à une très-grande majorité. J'ignore si véritablement elle était peu fondée en justice ; mais je crois que peut-être une réclamation qui tient de si près à la liberté publique méritait un plus mûr examen. Loin de moi l'idée d'excuser ceux qui se permettent, à l'égard du Gouvernement, soit des expressions outrageantes, soit des actions de révolte; mais je ne puis me défendre cependant de faire observer que ce crime, tout punissable qu'il est, n'emportant point le caractère de l'immoralité, on peut encore plaindre en punissant.

Les cris séditieux méritent sans doute d'être réprimés; mais les plus grands publicistes pensent que cette répression doit avoir lieu avec toute la mesure convenable, si l'autorité veut éviter de paraître injuste ou cruelle. « Les discours sont si sujets à interprétation; il y a tant de différence entre l'indiscrétion et la malice, et il y en a si peu dans les expressions qu'elle emploie, que la loi ne peut guère soumettre les paroles à une peine capitale (MONTESQUIEU, *Esprit des Lois*, ch. XII, l. XII). Par-tout où l'on fait un crime de lèze-majesté des paroles, non-seulement la liberté n'est plus, mais son ombre même.» (*Ibid.*)

Les empereurs Théodose, Arcadius et Honorius, écrivaient à Rufin, préfet du prétoire, la lettre suivante, qui se trouve dans le Code de Justinien. (livre IX, titre 7.)

« Si quelqu'un, ignorant la modération et la retenue, outrage notre caractère par des invectives indécentes ou indiscrètes; s'il rabaisse notre gouvernement, nous ne voulons point qu'il soit puni ni qu'il éprouve des vexations; car s'il l'a fait par légèreté, il doit être méprisé, si c'est par démence, il mérite notre pitié, si c'est par ressentiment, il faut lui pardonner. Laissant ainsi les choses comme elles sont, vous nous en donnerez connaissance, afin que nous jugions de l'injure par la personne, et que nous puissions décider lequel du pardon ou de la punition doit être préféré.

À Constantinople, les sixièmes ides d'Auguste, Théodose et Abundantius étant consuls. »

La pétition des élèves de Rennes, renvoyés de la Faculté pour révolte et propos séditieux, a été recommandée par un seul membre, qui a pensé que le Gouvernement devait être consulté avant la décision. On n'a pas besoin de dire que ce député était M. Voyer d'Argenson.

S'il était nécessaire de citer toutes les pétitions qui dénonçaient une injustice, ou présentaient des vues utiles, un volume ne suffirait pas. D'autres avaient un côté plaisant. Un pétitionnaire, par exemple, réclamait contre la défense de tuer les sangliers qui dévastaient son champ, dernier reste de l'absurde droit du seigneur. Un autre offrait d'élever un monument par souscription. Celui-là réclamait contre les marchands qui donnaient leurs marchandises à plus bas prix que lui. Le curé d'un village du Nord demandait la permission de fonder une chapelle; d'autres offraient à la Chambre une réclamation contre les mœurs du temps, contre la *paralysie* moderne, etc.

Une des pétitions qui méritent le plus sérieux examen, c'est celle d'un citoyen qui propose de retirer la liste des jurés d'entre les mains des préfets, formalité subversive de l'institution du Jury.

On ne doit pas oublier non plus la pétition d'un individu qui proposait de créer une commission chargée de vérifier les titres et les généalogies des gens qui prennent la qualité de nobles. Cette réclamation n'est pas sans fondement. Il est vrai que la noblesse obscure est aujourd'hui trop désenchantée pour valoir la peine d'une enquête.

Un autre pétitionnaire demandait que le Roi pût faire grâce aux ministres condamnés par la Chambre des Pairs. Cette proposition excita un rire universel.

Cent quinze élèves du Collége de France à Paris se sont adressés à la Chambre pour se plaindre de la petitesse et de l'insalubrité des salles destinées aux cours d'éloquence, de philosophie et de poésie. Il résulte de cet inconvénient que ceux des élèves qui veulent assister aux leçons sont obligés d'arriver deux heures d'avance, qu'un grand nombre ne peut obtenir une place, et que les étrangers, rebutés par l'inconvenance du local, emportent une idée désavantageuse d'un établissement qui est un des titres de gloire de la nation. Quoique cette pétition, fondée sur les plus justes motifs, ait été écartée par l'ordre du jour, il semble que cette décision de la Chambre n'empêche pas le Ministre de l'Intérieur d'y faire droit. Nous saisissons cette occasion pour le lui rappeler, s'il ne veut qu'à chaque session de nouvelles réclamations s'élèvent. Il est honteux pour la France que les Quintiliens modernes professent dans des lieux indignes d'eux. Une femme auteur de l'Angleterre a dit du Louvre que c'était une étable (*stables of the Louvre*). Cela prouve qu'elle n'a jamais quitté les bords de la Tamise : elle eût dit vrai si elle eût parlé du Collége de France (1).

---

(1) Voici le texte de la pétition présentée à la Chambre des Députés, relativement aux salles du collége de France :

« Messieurs, c'est aux Députés de la nation qu'il appartient surtout de protéger tout ce qui peut tenir à l'instruction publique. L'instruction est un des premiers besoins d'un État ; et qui peut mieux le sentir que vous, Messieurs, qui, chaque jour, réunissez vos lumières pour les faire tourner au profit de tous, qui envoyez parmi nous vos enfans, qui y voyez vos parens, vos compatriotes ? Les élèves suivant les cours du Collége de France prennent donc la liberté de s'adresser directement à vous, et espèrent que vous verrez leur réclamation avec bienveillance.

» Venus à Paris pour y compléter nos études et nous préparer, en employant utilement nos loisirs, aux diverses professions auxquelles chacun de nous se destine, nous nous faisons honneur de l'ardeur qu'on nous voit mettre à suivre les différens cours du Collége de France comme ceux de l'Université. Jamais l'affluence ne fut plus considérable. Le besoin et le desir de nous instruire nous attirent, comme aussi le plaisir d'entendre d'excellentes leçons faites par des professeurs pleins de zèle et de lumières.

» Cependant les salles où ces leçons se donnent sont

Comme nous l'avons dit au commencement de ce chapitre, le droit de pétition peut encore recevoir des perfectionnemens dans

---

en général insuffisantes, trop petites, et disposées contre toutes les convenances.

» Telle de ces salles ne peut contenir que soixante ou quatre-vingts auditeurs ; où il en viendrait deux ou trois cents s'ils pouvaient être placés.

» Telle autre, qui renferme trois cents auditeurs, dont un grand nombre sont debout, serrés, étouffés les uns par les autres, devrait pouvoir en contenir cinq cents.

» Voulons-nous être placés pour entendre nos professeurs, il faut arriver une ou deux heures d'avance, sans quoi l'on ne peut plus même entrer dans la salle. Il résulte de là pour nous, Messieurs, une grande perte de temps, souvent des leçons manquées ; quelle que soit leur utilité ; et le dégoût s'ensuit pour des cours si nécessaires.

» Nous signalerons notamment la salle du Collége de France qu'on appelle la *salle des Langues*, et où se font les cours du *droit de la nature et des gens*, et de littérature grecque, latine et française. Cette salle, infiniment étroite, manque aussi totalement de jour et d'air.

» Ce sont, Messieurs, de pareilles chambres tristes, sombres, malsaines, qu'on trouve au Collége de France. Voilà les lieux destinés à des leçons de philosophie,

son exercice. Trop souvent il est éludé, trop souvent les cris des malheureux ne sont point entendus; mais tel qu'il est encore, il peut

---

d'éloquence et de poésie. Chaque jour nous en souffrons les nombreux inconvéniens.

» Nous vous supplions donc, Messieurs, de vouloir bien renvoyer notre demande, appuyée de vos bonnes recommandations, à S. Exc. le ministre de l'Intérieur, afin que ce ministre éclairé, ami des lettres qu'il honore, fasse visiter le local et disposer, ce qui se pourra sans beaucoup de frais, des salles plus spacieuses et moins difformes que celles qui existent. L'orgueil national y est même intéressé; car lorsque les étrangers, attirés par le desir de connaître nos établissemens ou par la réputation de nos professeurs, viennent pour les entendre, ils sont surpris de voir des salles semblables dans la capitale; ils se retirent, rebutés par les difficultés qu'ils éprouvent à être placés, et remportent une mauvaise idée de ce qui doit faire un de nos titres de gloire, les cours du Collége de France.

» Nous espérons, Messieurs, que vous voudrez bien prendre notre demande en considération. »

Paris, le 24 décembre 1816.

Ont signé: MM. Labat, Gouler Azevedo, Goll, Holstein, Courborum, Perrin Constantin, Monnery, C. Joubert Laurense, Gavarret Labrouste, P. Danel, Alex. Labrouste, Barrault, Rouen, Vedrines, J. M. S. Rommain, J. M. Luren, P. Puthod de Maison-

produire de bons effets, principalement pour la réparation des injustices éclatantes. Quand la Chambre aura été renouvelée d'après la loi des élections, il sera temps de lui proposer des améliorations dans son réglement. En attendant, la route tracée par la politique est de profiter

---

Rouge, Geston de Lalanne, Schmitz, Tassain, Basignan, Baragnon, G. de Basignan, Druigton, Duffot, F. Sarraillé, Joly, Pétoarini, D. Garinet, Gobet, Levavasseur, Dutilh, Claude, Vivien, Sollezel, J. Seplans, Dusauzey, Valle, T. A. Lefèvre, Laporte, Cavalié, Beluce, D. C. Beroyère, Gourrain, Laporte, Bechard, Barbier, Roussel, Oleindré, Delagrye, Boucher, Chirot, Desruettes, Fourin, de Langlade, F. Doux, Framinet, Gervais, Bockart, Termonia, Mambournaux, Chaussonnet, Revelle, A. Girod, Hamet de la Berguerie, Flautière, Rivet, Lesage, Leclerc, Beaulieu, Fay, Roulhier, Thuringes, Bazin, Légotte, Dauzion, Charvenel, F. J. Laferrière, Magnien, Constant Poyant, Champaubert, Exaude, Prudhomme, Saint-Martin, Charles Bossu, Flicoteaux, Léger, Renaud Villeneuve, chevalier de Lafosse, de Crucy, d'Anicourt, Durcy, Piettre, Dubigaray, Devalvis, Chatelain, Julien Renod, N. Nionterand, B. Lagarde, Danet, Chevallereau, Clinvague, J. B. Allain Dupré, B. J. Perus, Sibboud, Boiral, d'Artigues, L. A. Leclerc, Coucy.

du bien, en modifiant le mal autant qu'il est possible de le faire. La convalescence de la patrie est lente. On ne peut aller rapidement du despotisme à la liberté ; hâter le cours des choses serait exposer la France à des révolutions nouvelles ; trop de publicistes méconnaissent cette vérité.

Nous avons rendu compte des principales opérations de la chambre des Députés pendant la session de 1816. Le lecteur impartial reconnaîtra dans la conduite de cette Assemblée quelques écarts, mais souvent beaucoup de lumières, rarement peut-être une entière franchise, mais du moins une constante profession des principes de liberté. Du choc des opinions mutuellement combattues, on a vu jaillir une clarté favorable ; l'enthousiasme peu réfléchi des uns a été tempéré par le sang-froid des autres ; les opposans, devenus apologistes de la licence, n'ont obtenu que la liberté; une majorité quelquefois ministérielle a été rappelée à la Constitution par une minorité libérale à l'excès. Ainsi tout s'est balancé ; les forces extrêmes, réciproquement affaiblies, se sont retrouvées dans ce juste équilibre, résultat certain des résistances bien calculées, but constant de la véritable politique, soutien inébranlable des gouvernemens représentatifs !

Bientôt la même Assemblée se réunira, fortifiée par des élémens nouveaux ; elle fixera la responsabilité des ministres, les attributions de la cour des Pairs ; la presse attend d'elle une loi répressive qui ne laisse rien à l'arbitraire, qui ne laisse pas sans défense à l'autorité d'un code insuffisant l'homme dont les travaux éclairent, ennoblissent et illustrent une patrie trop souvent ingrate. Oh ! puisse cette Assemblée, réunie sous des auspices encore plus favorables, s'élever au-dessus des antiques souvenirs et des passions récentes ! Puisse sa coopération protectrice seconder les vues éclairées d'un Roi législateur, éloigner les affections haineuses, et leur défendre l'approche d'un trône attaché à l'existence de la loi qu'il a fondée ! Députés du peuple, apprenez du Roi à remplir votre mandat ; favorisez les institutions libérales, ou craignez d'être renversés par elle ; encouragez les lumières, ou si votre esprit prévenu ne peut leur applaudir, qu'il sache du moins leur pardonner ! La muse de l'Histoire tient toujours prêtes deux pages et deux crayons ; sur l'une et avec l'un elle inscrit les noms des bienfaiteurs de l'humanité, des amis de l'indépendance ; l'autre lui sert à recueillir ces actions coupables qui eurent pour but le renversement des Etats ou leur asservissement ; car, pour elle, asservir c'est renverser ; immoler un homme n'est qu'un crime ordinaire ; tuer la liberté est le plus grand des forfaits, et le courroux des générations poursuit à jamais ceux qui s'en rendent coupables ! Représentans, l'histoire vous attend, reconnaissante ou vengeresse, selon votre conduite envers vos concitoyens !

CHAPITRE IX.

Conclusion. — Politique extérieure. — Moyens de sauver la France.

La jouissance de la liberté constitutionnelle est le bonheur politique des peuples modernes. Cette liberté, qui est le pouvoir de faire tout ce que la loi permet, repose sur plusieurs droits aujourd'hui reconnus et proclamés par toutes les nations éclairées : la liberté de conscience, l'*habeas - corpus*, la liberté de publier ses opinions, l'inviolabilité des propriétés, le droit d'être jugé par ses égaux, l'égalité devant la loi, l'égalité dans la répartition de l'impôt; enfin la faculté d'être représenté par des députés librement élus. Toute constitution qui ne consacrerait pas ces droits serait nécessairement éphémère ; elle serait au-dessous des lumières du siècle, et finirait par en être renversée; car telle est aujourd'hui la force de la raison populaire, que le despotisme est non-seulement sans séduction, mais qu'il est encore impraticable.

Les peuples ont aujourd'hui une opinion; ils pensent, ils jugent leurs chefs, et toute loi qui ne serait pas conforme à leur intérêt bien entendu ne pourrait être exécutée sans une opposition d'abord peu sensible, mais bientôt si puissante, qu'elle renverserait non-seulement la loi, mais encore le législateur. Le Roi, en nous donnant la Charte, a rendu hommage à cette vérité; les lumières de son esprit lui ont fait apprécier les besoins et les desirs du peuple; tous les droits que ce peuple réclame sont reconnus par la Charte constitutionnelle; et le Prince, en jurant de la maintenir, a fait aux Français un devoir de la respecter.

La Charte une fois publiée, en principe nous étions libres. Il ne s'agissait plus que de régulariser l'exercice des droits qu'elle nous accordait, et de créer des lois organiques du corps social d'après les bases établies par cette loi fondamentale. Tel était le devoir des Chambres; elles l'ont rempli en partie, et c'est à la session de 1817 qu'il appartient de consommer l'ouvrage.

La session de 1817 aura de grandes obligations à remplir pour répondre à l'attente de la nation. Une loi sur la responsabilité des Ministres, sur la cour des Pairs, sur la répression des délits de la presse, l'abrogation de celles qui réduisent les feuilles périodiques à l'esclavage, et qui modifient la jouissance de la liberté individuelle; tels sont les principaux objets qui réclament ses lumières et son patriotisme.

La jouissance entière des droits accordés par la Charte suffit pour assurer la prospérité publique à l'intérieur; mais au-dehors, le bonheur et la gloire des Français semblent moins solidement établis. Une contribution de guerre tarit de plus en plus les sources de la richesse nationale déjà épuisée; l'appareil des armées ennemies qui entourent nos frontières effraie les amis de la liberté. Lorsque l'intempérie des saisons, l'insuffisance des récoltes font souffrir la classe pauvre et imposent des privations à la classe riche, est-il prouvé que la France pourra tenir les engagemens ruineux qu'elle n'a pu s'empêcher de contracter? Dans le cas où elle ne le pourrait pas, malgré les meilleures intentions, quelles mesures son Gouvernement doit-il prendre ? Quelque confiance qu'il puisse et doive avoir dans la magnanimité des souverains alliés, la sécurité du peuple français ne lui impose-t-elle pas des devoirs de prudence, et des précautions permises ne lui sont-elles pas ordonnées par la politique ?

Des publicistes, d'ailleurs dignes d'estime en raison de leur courage et de leur talent, ont présenté divers moyens d'assurer à tout évènement le destin de l'Etat. L'auteur de la *Coalition et la France* propose de préparer des levées en masse, de cimenter des alliances avec les puissances qui ne font point partie de la coalition. L'auteur des *Essais sur quatre grandes Questions politiques* reconnaît, comme le premier, la nécessité des remèdes ; mais il en propose d'autres qui lui paraissent plus efficaces (1). Selon lui, une coa-

(1) Les réflexions que je me permets sur ces deux écrits ne peuvent affaiblir les sentimens de reconnaissance que la patrie doit témoigner à leurs auteurs. Les premiers, ils ont donné l'élan à l'opinion publique ; ils ont courageusement déchiré le voile, et la France a été instruite de toute l'étendue d'un mal dont elle voulait en vain se dissimuler l'existence. Le mal connu, le re-

lition des patriotes de toutes les nations contre les souverains despotiques pourrait produire de très-bons effets. Il reconnaît bien les difficultés de réaliser cette coalition, mais il croit les avoir résolues en affirmant que l'*opinion publique européenne* suffit pour réunir tous les peuples.

Cette *opinion européenne*, dit-il, sera dirigée vers la réconciliation des peuples si des hommes d'une réputation sans tache se mettent à leur tête; si toute expression offensante pour les peuples est bannie des écrits politiques; si la France couvre du voile de l'oubli ses triomphes sur les autres nations; si l'on a le soin de ne jamais confondre les nations avec leurs gouvernemens; enfin si la France fonde son espérance sur les secours de ses citoyens enrôlés en armées sans solde, et conduits seulement par l'amour de la patrie.

---

mède est plus facile à trouver. Les auteurs des écrits *de la Coalition et la France*, et des *Essais sur quatre grandes questions politiques*, auront toujours produit un grand bien, celui de donner au peuple une instruction qui doit ranimer son esprit national, et ils ont en cela rendu un éclatant service à leur patrie.

J'avouerai que cette idée politique me paraît plus brillante que solide. Personne ne niera sans doute qu'il n'y ait dans toute l'Europe des hommes unis par leur opinion libérale, et qui desirent sincèrement l'établissement d'un ordre de choses meilleur, d'un système fondé sur la liberté et sur les droits de l'homme ; mais, outre que ces hommes sont moins nombreux qu'on ne pense, comment se placeront-ils à la tête de l'opinion dite européenne? Pour exercer de l'influence sur l'opinion publique, il faut être puissant par sa fortune et par ses dignités ; or, cette puissance ne peut venir que de la faveur des gouvernemens : les hommes libéraux n'ont donc aucune puissance réelle.

On propose de bannir de tout ouvrage politique les expressions offensantes pour les peuples ; cela veut-il dire qu'il sera permis d'offenser les souverains? Cette proposition tant soit peu démagogique semblerait avoir pour but le renversement des gouvernemens. Il est permis de tout desirer ; mais en politique on ne doit proposer que des choses possibles ; sans considérer des raisons d'humanité et de paix publique, nous demanderons s'il est praticable, s'il est politique de lever ainsi l'étendard de la révolte contre des puissances qui ont pour elles la possession, les ressources pécuniaires et l'autorité des baïonnettes. Sans doute, on a vu des nations isolées se lever en masse contre leur gouvernement et le renverser; mais tous les peuples de l'Europe pourraient-ils avoir un accord assez parfait pour imiter un seul peuple? et s'ils l'avaient, où seraient les ressources qui seconderaient cet accord?

La France doit, dit-on, couvrir du voile de l'oubli ses triomphes passés. Quoi! lorsque la France est humiliée par des peuples qu'elle a vaincus, vous lui conseillez l'oubli des victoires dont le souvenir la soutient encore dans ses calamités!

Vous voulez détruire ce qui lui reste; la force morale, qui peut lui faire conjurer la tempête. Sans doute pour les esprits éclairés, l'amour de la liberté peut remplacer toutes les gloires, tous les souvenirs; mais pour le peuple qui, suivant *Harringthon*, sent plus qu'il ne voit, qui remplacerait cette idée : *Nous avons vaincu l'étranger, nous pouvons le vaincre encore?* Il n'est pas question d'examiner si nos victoires furent légitimes, si elles ne sont pas plutôt des abus de la force que des actions glorieuses; il est question de sauver la France, et la nécessité politique doit tout employer, les erreurs même, quand elles sont généreuses, pour sauver la patrie.

Enfin le dernier moyen de salut, c'est la levée en masse contre l'ennemi commun. Cette levée en masse ne peut s'exécuter si l'esprit public ne conduit tous les citoyens, s'il n'y a union entre eux; or, je ne vois pas quel esprit public on fera naître en rabaissant les armes françaises, en dépeignant nos victoires comme des massacres, nos conquêtes comme des usurpations.

Vous employez un long chapitre pour nous démontrer que les armées permanentes sont un instrument d'oppression. Personne ici ne vous contredira; mais sera-t-on de votre avis quand vous prétendez que ces armées sont d'une moindre ressource que les levées des citoyens sans habitude de la guerre, et des fatigues qu'elle entraîne après elle? Voici votre principal raisonnement : en 1792, les milices françaises résistent aux armées coalisées; en 1814, une armée permanente ne peut sauver la France de l'invasion. Mais ici l'erreur est d'assigner à ces événemens une autre cause que la cause véritable. Les deux époques de 1792 et de 1814 n'offrent-elles d'autres différences que la nature des armées qui défendaient la France? Si les troupes républicaines vainquirent en 1792, c'est qu'elles étaient animées d'un ardent amour de la patrie, c'est que l'esprit national s'était emparé de tous les Français. Cette force morale, auxiliaire de la force physique, rendit les armées françaises invincibles. En 1814, il n'y avait ni esprit public, ni union, ni amour de la patrie; les armées, quelque courageuses qu'elles fussent, se trouvaient sans auxiliaires; la trahison les affaiblit, et cependant elles résistèrent quatre mois malgré la disproportion du nombre et les obstacles qui les entouraient. C'est le défaut d'esprit public dans la nation qui les a fait succomber, de même que l'amour de la patrie avait fait vaincre des troupes sans discipline et sans exercice. Tout étant égal, les armées de 1814 n'eussent pas moins sauvé la patrie que les milices de 1792; peut-être même eussent-elles remporté un triomphe plus facile.

Si l'auteur des *Essais sur quatre grandes questions politiques* eût dit que l'existence des armées permanentes étouffe l'esprit national, il eût dit une vérité; mais comment soutenir que des troupes indisciplinées défendent mieux une nation que des armées blanchies dans les travaux des armes, toutes conditions étant d'ailleurs pareilles ?

Publicistes, craignez de préférer à la vérité des erreurs brillantes. N'oubliez jamais que la modération est le langage de la force, que le bien de l'Etat repousse ces théories ingénieuses, ces fictions auxquelles l'esprit applaudit, mais qu'on voudrait en vain réaliser.

Une levée en masse, provoquée et préparée dans les circonstances où nous nous trouvons serait à-la-fois subversive de l'ordre établi à l'intérieur, et destructive de l'union qui règne encore entre les alliés et la France; elle rendrait une guerre nécessaire, et personne en France ne veut courir les chances d'une guerre si cela n'est pas indispensable, et si des vexations intolérables ne nous y contraignent pas. Si l'on peut parvenir à prendre un caractère imposant, une attitude qui éloigne de l'esprit des souverains toute idée d'attaque, sans employer d'autres moyens que ceux qui sont compatibles avec la sûreté de notre Gouvernement et le repos du peuple, on aura atteint le but de la manière la plus directe, sans levée de boucliers, sans opposition et sans périls. On aura évité la coalition des peuples contre les gouvernemens, coalition fertile en troubles de tous genres si elle pouvait être réalisée; et les garanties que demande la sécurité française seront données.

En 1792, l'esprit public opéra des prodiges ; la même cause produira les mêmes effets en 1817. Si l'Europe est parvenue à nous dompter, c'est que notre attiédissement, notre froideur pour les intérêts de l'Etat ont été ses plus puissans auxiliaires. Privons l'étranger de ces auxiliaires, et bientôt il se retrouvera aussi faible qu'en 1792. Rousseau dit : « Sitôt que quelqu'un dit des affaires de l'Etat : *que m'importe?* on doit compter que l'Etat est perdu ». Ce principe lumineux explique toutes les calamités qui ont pesé sur la France. Il renferme toutes les fautes de Bonaparte.

Une autre cause de la destruction de l'esprit public, c'est l'esprit d parti. On s'est accoutumé à concentrer ses affections dans une faction, et tous les hommes de la faction contraire ont été regardés comme ennemis. Il n'y a plus eu d'amour de la patrie, de la liberté, de la vertu. La patrie, la liberté, la vertu ont été renfermées dans un parti. On a été patriote, royaliste, bonapartiste; on n'a plus été Français.

Si vous voulez ranimer le feu sacré de l'amour de la patrie, éteignez l'esprit de parti; attachez tous les Français au sol natal; rendez tous les intérêts solidaires de l'intérêt de l'Etat.

Bonaparte a trouvé de l'esprit public en France; mais sa conduite l'a détruit. Tenez une conduite opposée à celle de Bonaparte, et vous rallumerez le feu qu'il éteignit. Il ne calcula jamais la puissance morale; comptez pour beaucoup cette puissance. Il ne flatta dans ses agens que le vil amour de l'or; intéressez l'honneur, la vertu des vôtres. Il fut tyran; ne l'imitez pas, et vous finirez par triompher (1).

---

(1) Bonaparte ne se soutint si long-temps que parce qu'il avait flatté l'orgueil d'une nation sensible à la gloire militaire. Un gouvernement qui joindra à ce

Craignons surtout de faire perdre aux Français le sentiment de leur propre estime; si nous les rabaissons; si nous avilissons la gloire nationale, nous achèverons de détruire tous les liens qui attachent le peuple à sa patrie. Le soldat, dont les trophées seront calomniés, ne trouvera plus de courage pour défendre la France aux jours du danger; il rendra à son pays ingratitude pour ingratitude.

C'est sans doute une institution souvent dangereuse que celle des armées permanentes; cependant, comme le secret du politique n'est pas de décomposer, mais d'affermir, on doit chercher à rendre le plus utile possible ce qui existe, en modifiant les dangers qui en peuvent résulter. C'est donc bien entendre les intérêts de la France que d'inspirer l'amour de la patrie aux militaires qui la servent, ou plutôt d'entretenir dans leur cœur cette noble flamme, la source de tant de sentimens et de tant d'actions généreuses.

On parle de coalition avec des nations

---

respect pour l'honneur national les vertus morales que Napoléon a méprisées, sera bien autrement fort et durable que celui de ce souverain.

TABLE DES CHAPITRES.

www.ingramcontent.com/pod-product-compliance
Ingram Content Group UK Ltd.
Pitfield, Milton Keynes, MK11 3LW, UK
UKHW021058200726
13857UKWH00003B/991